Demonios & Democracias:
La Realidad de los Pueblos

Eddy Olivares

DWA Pres

Diseño Gráfico: Manuel Guzman www.LolosArt.com
Editores: Joaquin Castillo & Monica Angeles

Publisher: **DWA Press** a branch of Dominican Writers Association
www.dominicanwritersassociation.com

Dedicatoria

Dedico este trabajo a los cientos de millones de seres humanos que han perdido la vida a consecuencia de la falta de sensibilidad y fraternidad humana, valores indispensables para la creación de sociedades verdaderamente justas.

Indice

Introducción i

Conceptos Importantes...v

Palabras Importantes xvii

Capítulo 1: ¿Qué es un Gobierno?...........................1

Capítulo 2: Democracia 45

Capítulo 3: Capitalismo...91

Capítulo 4: Neo-Liberalismo 141

Agradecimientos

Quisiera agradecer a todos los que de alguna manera u otra contribuyeron a que este proyecto se hiciera realidad, en particular a *Joaquín Castillo*. Hermano, agradezco tu manera desinteresada de compartir ideas conmigo, algunas de las cuales quedan plasmadas en este libro. También quiero dar gracias a *Mónica Ángeles* por servir de "conejillo de Indias" y filtrar esta escritura eliminando conceptos difíciles de entender. Por la ayuda prestada *Mónica*, estaré por siempre endeudado contigo, ¡gracias!

Introducción

La inequidad socio-económica de nuestros tiempos es sin duda el peor mal que conocemos. Es la causa de decenas de millones de muertes cada año de seres humanos pobres, incluyendo veinte millones de niños que mueren de hambre y de enfermedades prevenibles. La irracionalidad e insensibilidad desplegada por una minoría, que consume hasta el desperdicio, es espantosa. Tenemos por un lado familias que se desplazan por el planeta en aviones privados que cuestan, en muchos casos, cientos de millones de dólares; por el otro, familias que no comen ni una sola vez al día. Es producto de normas regulatorias económicas, sociales y legales que regulan la conducta humana de los pueblos.

A pesar que este trabajo se refiere mayormente a la realidad de los pueblos del hemisferio americano, en gran medida aplica a todos en el planeta, pues cada vez más se amplía la denominada brecha social en casi todas las sociedades del mundo. De esa manera, podemos transferir los conceptos presentados en este escrito y aplicarlos tanto a las poblaciones de esta región como a las de cualquier otra. Siempre habrá diferencias entre las sociedades a las que hago referencia, sin embargo, esas diferencias son más de estilo que de fondo.

No es difícil entender la desilusión que sienten los pueblos de tan sólo oír hablar de política. El modelo económico implementado en esta región del planeta ha causado miseria y desaliento. En consecuencia, hemos visto sociedades aplicar medidas políticas que rompen con el modelo económico neoliberal, en la esperanza de disminuir la desigualdad en esos pueblos. A nadie debe extrañar ese afán, por décadas en vez de mejorar las condiciones de las familias en nuestros países, cada día viven peor. Por esa razón es importante entender los procesos que han aumentado el nivel de desigualdad de nuestros ciudadanos. Hasta que las sociedades no cobren conciencia sobre esos procesos, no estarán listas para implementar cambios que proporcionen mejores condiciones de vida a esas familias.

Los motivos por los cuales los pueblos no alcanzan un nivel de vida digno son complejos y diversos. Este trabajo fue escrito para el pueblo; procura ofrecer explicación de manera concreta y simple a esas incógnitas, en la esperanza que sirva para elevar el nivel de conciencia política de los que lo lean. Esa es la única forma en que lograremos librarnos de las cadenas que nos atan a la pobreza, y nos impiden vivir con dignidad. Lo que ahora lee fue escrito con el marcado objetivo de que pueda leerlo de principio a fin sin valerse de un diccionario. Soy fiel creyente, y trato de ser leal a la práctica de no usar nada que divida en vez de unificar.

Por lo tanto, puede estar seguro que no se verá en necesidad de interpretar las ideas y los conceptos que presento, por supuesto, sin caer en lo vulgar.

Conceptos Importantes

Antes de entrar de lleno en la presentación de los diferentes temas de este trabajo es conveniente dar explicación, aún y sea de forma breve, sobre tácticas empleadas con el malicioso propósito de engañar los pueblos. Hay dos conceptos que voy a discutir para luego dar explicación de como aplican a los temas que trata este trabajo. El primer concepto es el de "raza". Casi todas las personas utilizan la palabra sin tener idea clara de lo que significa, ni sus implicaciones. El segundo concepto es el de la "belleza". Lo mismo que sucede con el primero pasa con el segundo. La definición de lo que constituye belleza no es más que la clase dominante de una sociedad, describiéndose a si misma. Antes de pasar al primer capítulo también quiero aclarar el ideal de lo que es un hemisferio.

Una minoría que se perfila como dueña y señora del planeta ha condicionado, paulatinamente, a todos los pueblos a creencias erróneas, que con el transcurrir del tiempo parecen ser verdades irrefutables. Es importante entender esas maniobras maliciosas para aclarar cómo logran esos inescrupulosos malvados someter a la miseria a todas las sociedades del planeta. Hasta que los pueblos no conozcan las estrategias que utiliza el sector privado en su contra, no podrán librarse del yugo que los mantiene sumergido en pobreza y desesperanza.

La creación de sociedades llenas de injusticias no es producto de casualidad, es diseño. Para dar explicación de cómo logra esto un grupito de malhechores embriagados de poder debemos trasladarnos a Europa, a una era que comienza al culminar la edad media, la cual cedió paso a la época del descubrimiento. Estamos hablando de algo más de quinientos años atrás. Es el periodo cuando empieza el afán de llegar a la India navegando hacia el oeste para alcanzar mercados de especias. El empeño de los españoles inicialmente era descubrir rutas que les permitiera llegar a los mercados de la India sin tener que valerse de los árabes. Para hacer esto, tendrían que navegar alrededor del planeta. No sabían aquellos navegantes que en la trayectoria se tropezarían con territorios desconocidos hasta ese entonces, accidente que cambia el rumbo natural de la historia. Esto sucedió a finales del 1492.

Al tropezarse con estas tierras le encuentran los europeos solución al problema de las especias, pero también se dedican a saquear, inicialmente de manera tímida, el nuevo territorio. Esto no pasa desapercibido, poco a poco se van dando las cosas y más tarde se lanzan a la conquista de nuevos territorios otros pueblos europeos. La avaricia desenfrenada de esos pueblos desencadena una lucha por arrebatarse recursos extraídos del hemisferio, o por adueñarse de los territorios, que perdura hasta nuestros días.

Más de quinientos años han pasado desde que Cristóbal Colón llego a estas tierras. Según nos cuenta Eduardo Galeano en su libro *Las Venas Abiertas de América Latina,* los españoles extrajeron cuantiosas cantidades de oro y plata, mayormente de donde están situados hoy México y Bolivia. Todo el oro y la plata del mundo no bastaron; el azúcar que consumían los habitantes del viejo continente también venía de las islas del caribe y de Brasil. Los ingleses desarrollaron grandes industrias de tabaco y de algodón. Esas cosas no se cosechan de manera silvestre. Para desarrollar esas industrias se necesita abundante mano de obra. Es entonces cuando empieza la práctica de una esclavitud despiadada sin precedentes. Siglos han pasado y poco ha cambiado; los europeos, mayormente los que hoy se hacen llamar americanos, continúan explotando los pueblos del hemisferio, a diferencia que han cambiado el estilo de subyugarlos.

Es importante desenmascarar la falsedad perpetrada por los europeos por cientos de años de que el color de la piel constituye una raza. Pregúntese usted, ¿es un caballo blanco de diferente raza que uno negro? La idea de que los negros y los blancos son de diferentes razas es absurda. De ser así, una pareja de un hombre negro y una mujer blanca, o viceversa, no podrían procrear hijos. En caso de que lo lograra, al no ser de la misma raza, el resultado sería híbrido e incapaz de procrear como sucede con las mulas, que no paren. La facultad de procrear es central a la definición del concepto. Sin la habilidad de reproducirse una especie se extinguiría en una sola generación. Sin embargo, casi la totalidad de la humanidad está convencida de la idea. Los gobiernos no se preocupan por corregir esas falacias, y claro eso tampoco es coincidencia; es parte de una estrategia de un grupito que se beneficia de mantener los pueblos sumidos en ignorancia, y hace lo que esté a su alcance para lograrlo.

Ahora debo dar explicación sobre el mito de la belleza. No es difícil entender la estrategia, la idea que ya expresé sobre el invento de que los blancos y los negros son de diferentes razas nos proporciona entendimiento de tácticas similares aplicadas a diferentes circunstancias. La belleza no existe. No leyó mal. La belleza no es más que invento del hombre. Pese a que el concepto de la belleza es más antiguo que el de la raza, en la antigüedad no se utilizaba de la misma manera que se usa hoy.

Lo primero que debo señalar es que la concepción de belleza no es natural. Conducta natural es aquella que podemos observar en la naturaleza. ¿Ha visto acaso gallinas o vacas agrupándose bajo ese concepto? Es otra de esas ideas maliciosas que han engendrado los blancos en el psíquico de los que no lo son. Sin haberlo hecho, y sin temor a equivocarme, me atrevo a decir que si hiciéramos sondeos para determinar a quién elegimos como más bonita mostrando fotos de una mujer blanca y una negra, en condición de igualdad, la blanca ganaría. Eso se explica diciendo una vez más que los blancos han convertido su propia imagen en el estándar que asociamos con privilegios y beneficios negados a los demás.

Amy Thompson hace análisis del libro *Pageants, Parlors, and Pretty Women* de la auditoria de Blain Roberts y dice que en el libro la autora presenta definiciones cargadas de estereotipos raciales de hermosas mujeres blancas que se convierten en símbolo de superioridad de los blancos. Sucede así en parte porque la belleza se iguala a la blancura, y la blancura a la inocencia, dice Thompson. Significa entonces que las negras no han de ser ni bonitas ni virtuosas y la belleza de las negras se convierte en símbolo del progreso de los negros y de orgullo "racial", según la autora, concluye Thompson en dicho análisis; y yo agrego que después de establecer la inferioridad de la "raza", en su condición de inferior la "raza" no disfruta ni de orgullo ni de progreso.

Los capitalistas, palabra que utilizaré de manera intercambiable con el grupito de blancos a los que les hace referencia este trabajo, construye enormes industrias para convencernos de que haciendo esto o aquello lograremos lucir como ellos, cosa que nunca se logra. Podemos citar por ejemplo lo que hacen mujeres de pelo crespo (malo, o pelo de negros) para lograr pelo liso (bueno, o pelo de blancos), que es como los pueblos categorizan el pelo. Gastan fortunas en salones de belleza y comprando pelucas para crear apariencia de tener pelo liso. Las que tienen pelo negro se los tiñen de color más claro para lucir como las blancas. Se pasan toda una vida en ese afán y a fin de cuentas no lo logran, ni lo podrán lograr por ser la meta totalmente fluida. No alcanzan a entender que es una estrategia comercial que se corresponde con una necesidad creada, no real. No hay pelo bonito ni feo; ni hay pelo bueno ni malo; sólo hay pelo. Lo más que se podría decir es que una persona tiene una cabellera saludable. Pero ese asunto de pelo es una ínfima parte que se ve de un gigantesco iceberg.

Lo mismo hacemos con las ropas que nos ponemos. Las ropas, en las sociedades de hoy, no se compran mayormente por necesidad sino para crear la apariencia de que pertenecemos a un estrato socio-económico que no se corresponde con la realidad de nuestro día a día. Lo hacen con cosméticos, en ese caso están incluidas la totalidad de las mujeres; Primero atropellan el autoestima de la mujer para convencerlas de que necesitan productos para mejorar su apariencia. Gastan cuantiosas fortunas convenciéndolas de que no se ven atractivas sin este pintalabios o sin aquel colorete. Y claro, ellos tienen la solución que siempre termina haciendo a los capitalistas más ricos y más pobres a los pueblos. Para dar idea de la cantidad de dinero que gasta el sector privado en su empeño de crear "necesidades" en las mujeres, Benbow-Buitenhuis (2013) reporta que a nivel mundial se gastan US$400 billones en propagandas.

Venden necesidades falsas como requerimiento social para participar de privilegios al punto que las personas internalizan esas necesidades y las asumen como propias (Benbow-Buitenhuis, 2013). Dentro de las estructuras de la industrialización avanzada surge una nueva autoridad que ejerce control sobre las sociedades que exige conformidad a sus ideales y normas, dice la autora. También nos dice que la definición de "belleza" a nivel global ha sido reducida a la fisionomía nórdica (región geográfica de pueblos blancos). La belleza ya no está limitada al estándar que genera Hollywood, se ha convertido en una "responsabilidad" que mujeres ordinarias deben alcanzar, dice Benbow-Buitenhuis en artículo citado.

Los capitalistas han convertido todo esto en una ciencia. De acuerdo a Benbow-Buitenhuis (2013) el ambiente de la belleza se promueve en espacios donde la realidad y la imaginación se funden. Los espacios donde se venden artículos de belleza son bien alumbrados, repletos de olores inusuales y abrumantes imágenes de colores que enfatiza la belleza, dice la autora. Esos espacios transfieren a la persona del tiempo y espacio presente y los arroja a un momento de reflexión sobre representaciones físicas y mentales. Todo se confunde en una engañosa mezcla de lo que es real y lo que no lo es, reporta Benbow-Buitenhuis.

En otro párrafo del mismo artículo nos deja saber que las mujeres ven un promedio de 5000 imágenes de modelos cada semana, y que esas imágenes han sido manipuladas digitalmente. Una experiencia que enajena la norma y normaliza el estándar de belleza que insinúa esas imágenes, y las engendra en el psíquico del público, como la belleza aceptada. En muchas ocasiones no se sienten victimizadas por esas imágenes y aspiran de manera determinada a alcanzar ese estándar a través de modificaciones, y de productos de marcas.

No hacen eso exclusivamente con la apariencia personal, lo mismo hacen con prendas, con carteras, y hasta con necesidades médicas como sucede con anteojos. Lo hacen con las vajillas y las toallas. Con el auto que manejamos y con cuanto usted pueda imaginar. Nos convencen de que debemos comprar el ultimo celular para alcanzar el ultimo *look*, sin el cual nos dejan saber, no nos sentiremos a gusto. Así vamos por el mundo aparentando ser ricos y atrapados en la pobreza. De esa manera nos pasamos la vida entera transfiriendo los míseros pesos que nos ganamos trabajando como bueyes a cuentas de bancos de los que nos mantienen sumergidos en la miseria. Muchas mujeres pierden hasta la vida a consecuencia de cirugías que prometen una escultura ideal. Es importante elevar el nivel de conciencia para que se entienda que esa conducta es aprendida, no natural. Son estrategias comerciales con el fin de transferir recursos de las manos del pueblo a las de una minoría. Esa conducta es más notable en la mujer, pero también aplica al hombre que gasta tanto dinero como la mujer en vanidades.

El resultado para los pueblos es la suma de humanos que caminan por el mundo escondiendo no sólo que son pobre, sino su propia naturaleza. Cada día con los pintalabios, los coloretes, los perfumes caros y los tintes de pelo creemos que borramos a quien reside en nosotros y que ya pocos conocen. Son vidas de pretensiones e ilusiones. En la privacidad de nuestras míseras casas cada día nos transformamos para salir a encontrarnos con otros transformados dejando atrás el único espacio que nos conoce. Andamos vencidos por los capitalistas que nos han robado hasta la dignidad de estar a gusto con la esencia de lo que somos.

Ahora debo hablar un poco del aspecto psicológico de la conducta de opresor en función al oprimido. La psicología nos deja saber que los humanos poseemos mecanismos de defensa que nos permiten mantener integridad emocional frente a una conducta deshonesta e inhumana. Si bien es cierto que es en el seno de la sociedad donde residen los parámetros para juzgar esa conducta, no menos cierto es que esos medidores son diseñados por los que dirigen esas sociedades. Eso oscurece entendimiento en la época en que se manifiestan esas conductas despiadadas, pues es la clase dominante de la era quien la juzga. Aunque muchos expertos están en desacuerdo con Anna Elisabetta Galeotti, la autora nos dice, hablando de políticos en la actualidad, que se trata de conducta impropia y que la raíz de la conducta es deshonestidad. La manipulación y decepción política son penetrantes en las democracias pese a que esos principios van contra los conceptos democráticos (Galeotti, 2015). Muchos piensan que esas prácticas son intrínsecas a la política. La autora argumenta que la auto-decepción que practican esos políticos explica la conexión entre las decepciones a los pueblos y los fracasos políticos. La idea de auto-decepción sugiere que el individuo se engaña a si mismo. La autora no concibe la idea de que el elemento puede mentirse a si mismo, sin estar consciente de que lo está haciendo. Esa contradicción lleva a muchos psicólogos y filósofos a negar la posibilidad de que la auto-decepción puede ser autentica, y que no es más que mecanismo de engaño. Tenbrunsel y Messick (2004) argumentan sin embargo que disfrazando o evitando implicaciones morales permite a personas actuar en interés propio y mantener creencia de ser personas de convicción moral.

Malicia o no, los mecanismos psicológicos a los que hago referencia fueron utilizados por europeos de la época para justificar el maltrato al que sometieron a los habitantes del nuevo mundo, y más tarde, a los esclavos africanos. Causaron estragos jamás vistos por los pueblos del hemisferio. Al poco tiempo, el maltrato, el exceso de trabajo y las enfermedades que les transmitieron los europeos a los nativos, los redujo de forma significativa. Para abastecerse de mano de obra y seguir extrayendo recursos de los nuevos territorios, y para trabajar la industria de la caña que ya para el 1505 había iniciado en la isla La Española, inicia la transportación de esclavos africanos de manera sistemática. Es entonces cuando se empieza a utilizar la palabra "raza" en el contexto que la entendemos hoy. Se les hace necesario a los europeos clasificar a los negros como inferiores a ellos mismos, y empiezan a definirse como la raza superior.

Antes de pasar al primer capítulo quiero hablar un poco de algunos particulares sobre el hemisferio y el continente americano. Hago esto, por ver muchas personas que utilizan esos términos como si no entendieran las diferencias entre el primero y el segundo. Hablan, por ejemplo, de las islas del Caribe como si fueran parte del continente americano, cosa que es errónea. Las islas son parte del hemisferio, más no del continente. La definición de lo que es un continente no permite la posibilidad de que las islas sean parte de él, al no ser extensión del mismo. Si entendemos esto llegamos a la conclusión de que cuando Cristóbal Colón llegó a estas tierras no "descubrió" el continente americano, como nos enseñaron en la escuela a muchos de nosotros. Lo que "descubrió" fue el hemisferio, y más tarde el continente.

Hay muchos países en América Latina que son parte tanto del continente como del hemisferio como son los casos de Ecuador, Guatemala y Méjico. Hay otros que no son parte del continente pero están localizados geográficamente en el hemisferio como sucede con Cuba, República Dominica y Haití, que comparten la isla Española y con Jamaica, para dar algunos ejemplos. Se da el caso curioso también de que las islas de Hawái, que son un estado de Estados Unidos no se encuentran ni el hemisferio, ni en el continente americano.

Armados con conocimiento de lo escrito, entremos en tema

Palabras Importantes

Corporatocracias: Gobiernos en los cuales el poder reside en manos de sector empresarial.

et. al: significa, y otros autores que participaron en lo reportado, y cuyos nombres aparecerán en la lista de referencias; por ejemplo, si un autor escribe (Cabral, et al.), ese autor está citando a Cabral y otros colaboradores en el trabajo citado.

Extractivismo: extracción desmedida e insostenible de recursos naturales.

Hegemonía: Denomina la supremacía de una nación entre otras pero se usa también para subrayar dominio casi absoluto, por ejemplo, en economía.

Neoliberalismo: Filosofía capitalista que persigue la privatización de instituciones públicas con el fin de incrementar el poder del sector privado disminuyendo el poder del pueblo. También, la inversión del sector privado de sociedades avanzadas en economías extranjeras de menos desarrollo.

Capítulo 1: ¿Qué es un Gobierno?

La definición del diccionario básico Larousse nos dice que un gobierno, al referirse a una nación es, "El conjunto de los órganos de un Estado que determinan la orientación de la política del país" (p. 270). Cuando el diccionario nos habla de la orientación, debe entenderse que se refiere a la ideología que guía las instituciones. O sea, ¿son estas democráticas? ¿Son socialistas? La orientación ideológica de las instituciones de un país es lo que determina la orientación política al momento de implementar medidas que rigen tanto a las instituciones, como al pueblo en una sociedad.

El mismo diccionario define un gobierno desde otro ángulo diciendo que es, "El conjunto de los ministros que llevan a cabo la política interior o exterior de un Estado" (p. 270). Esta segunda explicación es más fácil de entender. Se refiere al número de personas elegidas por el pueblo (en el caso de la democracia), para que implemente medidas beneficiosas para la sociedad, o lo que es lo mismo, el pueblo. Digo que tome *medidas beneficiosas* para el pueblo pues si es el pueblo quien escoge los que van a dirigir la sociedad, sería desatinado pensar que escogerían personas que no actúen en su favor. Quiero aclarar que cuando escribo la palabra Estado, me estoy refiriendo a un *gobierno*, término que ya se definió.

Como se puede ver, la definición académica de lo que es un gobierno no nos propicia una explicación clara de lo que es realmente un gobierno. Tampoco nos deja saber cuáles deben sus funciones. No es extraño, la definición del diccionario debe ser lo suficientemente amplia para abarcar todos los modelos gubernamentales que se conocen. Por esa razón se hace necesario ampliar sobre lo que dice el diccionario para dejar claro lo que presenta este trabajo. Así, podremos dar definición más concreta de lo que es verdaderamente un gobierno y cuáles deben ser sus funciones.

En contexto moderno debemos entender que el nombre con el cual bautizamos al gobierno que nos referimos depende de la medida en que este afecte un sector de la sociedad u otro. En términos generales, gobiernos que implementan medidas dirigidas a beneficiar el colectivo son conocidos como socialistas mientras que los que benefician el sector empresarial lo conocemos como democracias capitalistas. Debo señalar que los gobiernos capitalistas se empeñan en que se les refieran como democracias por las imágenes de libertad y justicia que invoca el uso del término. Sin embargo, no resulta difícil demostrar que aún la humanidad no ha conocido ni la primera democracia, ni el primer gobierno socialista. Esos términos son utilizados con malicia en el afán de desprestigiar o beneficiar un gobierno u otro.

Para entender más a fondo lo que realmente debe ser un gobierno me valdré de lo que han dicho estudiosos sobre el tema. Es importante subrayar que dije *lo que realmente debe ser un gobierno*. Como debe entenderse por lo ya escrito, no se ha conocido ni una sola sociedad en la que el grupo de hombres y mujeres que se colocan al frente de las instituciones gubernamentales hayan actuado a favor del colectivo, o al menos no han mantenido el poder hasta demostrarlo. Eso no significa que no hay hombres y mujeres honestas desempeñando puestos políticos. Si los hay, aún y sean pocos. Lo que pasa es que estamos hablando de seres humamos, que equivale a decir, que son imperfectos.

En el caso de esos escasos políticos honestos, sus adversarios utilizan esas faltas y las tergiversan poniéndolas del tamaño que les da la gana. Los pueblos, que están hartos de mentiras y engaños arropan a buenos y malos con el mismo manto. Sin argumentar a favor o en contra de Bill Clinton piense en lo que sucedió con Mónica Lewinsky. La infidelidad de Clinton no tiene que ver con su desempeño como presidente, sin embargo, los conservadores aprovecharon ese incidente e intentaron obligarlo a renunciar a la presidencia.

"Expertos" comparan un gobierno con otro y defienden a uno o al otro por ser mejor o peor; eso únicamente nos deja saber cuál es mejor o peor de acuerdo al criterio del que emite la opinión, que casi nunca ofrece datos para fundamentar lo que dice. Tristemente hasta el momento no se ha visto gobierno que haya sido capaz de dar respuestas a las necesidades de sus pueblos creando sociedades justas, en las que la totalidad de sus ciudadanos gocen de vidas dignas. Es por eso la necesidad de elevar el nivel de conciencia, para que los pueblos exijan cambios reales y rechacen propuestas escabrosas.

Debo ahora presentar análisis de lo que dicen expertos, es un gobierno. Comencemos con lo que dijo el filósofo ingles Thomas Hobbes (1588-1679), mejor conocido hoy por su contribución al ámbito de filosofía política. Pensaba que *el hombre en un estado natural* estaría condenado a una vida *solitaria, pobre, desagradable, brutal y corta*. Según Hobbes en ese ambiente todo es justificado incluyendo matar a alguien para despojarlo de algo que sólo uno puede tener. Según él, *un estado natural* provocaría una situación de *guerra de todos contra todos*. Teorizó que para evitar esa situación tan volátil llegamos a un acuerdo de abandonar nuestros *derechos naturales*, a cambio de una coexistencia pacífica a través de lo que llamó el filósofo "contrato social".

4

Escribió que para escapar esa situación los pueblos fueron intercambiando poco a poco derechos naturales por una coexistencia cada vez más pacífica. Esencialmente lo que creía Hobbes es que los habitantes de sociedades primitivas paulatinamente se restringieron de actuar por instinto y se sometieron a normas a cambio de una vida relativamente pacífica y con ciertas garantías.

Desde el punto de vista de Hobbes, el origen de la sociedad civil reside en un acuerdo racional que tiene como fin la coexistencia pacífica dentro de una sociedad. Se reduce a un arreglo en el cual miembros de una sociedad dejan de actuar por impulso a cambio de los beneficios que ofrece el arreglo. El *contrato* no es más que un acuerdo donde los miembros de una sociedad abandonaban *su derecho natural*, en el cual es justificado todo, a cambio de las ventajas que ofrece la sociedad civil. Debemos mantener presente que los participantes, si es que están en sano juicio y entienden el contrato, lo hacen porque la participación en el mismo los beneficia. Proponer que alguien entre en contrato voluntario que lo perjudique, es irracional.

De acuerdo al sentir de Hobbes los gobiernos son creados para salvar los pueblos de su propio egoísmo, idea que perdura hasta nuestros días revestida de tácticas "modernas". Pensaba de manera que hoy parecería contradictoria. Por un lado pensaba que las naciones debían tener reyes que proporcionen autoridad y dirección al pueblo. Escribió que la democracia, permitir al pueblo escoger sus líderes, no funcionaría pues el interés propio de cada ciudadano lo impediría; en la opinión del filósofo, tal sociedad se convertiría en guerra de todos contra todos. Por otro lado pensaba que para evitar crueldad de la realeza, el pueblo podría tener representantes que hablen a su favor frente a la misma. Incluso fue él quien primero usó la frase *la voz del pueblo*, refiriéndose a esos representantes.

Antes de continuar con el análisis de otras figuras importantes en el espacio de la filosofía política debo presentar que la postura de Hobbes se basa en la preservación de la vida. Si abandonamos el estado natural es justamente para mejorar la posibilidad de sobrevivencia. Podemos especular y concluir que para Hobbes, la preservación de la vida está por encima de toda otra meta. Si se justifica hasta matar para despojar a alguien de algo deseado por ambos, ¿qué no justificaría el hombre por preservar su propia vida o la de su familia? En contexto moderno es de suma importancia que se entienda ese concepto pues explica de manera muy simple la conducta delictiva de personas pobres. Si de la única manera de preservar la vida es asaltando, robando, o matando, la lógica del filósofo provee, no sólo el motivo, sino también la justificación.

Como se puede ver, según Hobbes, el origen de los gobiernos está ligado a un acuerdo al que llegan los pueblos en el que sacrifican los derechos naturales a cambio de una existencia relativamente serena. Aunque hay quienes contradicen la postura de Hobbes, no cabe duda que provee, aún y sólo sea de manera parcial, entendimiento sobre la conducta humana. Tristemente Hobbes no nos proporciona ninguna explicación de la transición de estado de naturaleza a sociedad civil. De igual manera es importante tener idea del concepto que presenta Hobbes, y otros filósofos, sobre este cambio de hombre natural, a hombre social.

De acuerdo o en desacuerdo con la filosofía de Hobbes, es importante tener presente la postura del filósofo de que los gobiernos no son más que contratos entre el colectivo y las instituciones que gobiernan a ese colectivo. También que se crean con el expreso propósito de garantizar la existencia pacifica de los ciudadanos en un territorio determinado bajo el nombre de Estado, país o nación. Tanto la ciudadanía como las instituciones deben hacer o dejar de hacer algo a cambio de que el otro, o los otros participantes, hagan o dejen de hacer algo para cumplir con el contrato social. De no ser así no sería un acuerdo sino imposiciones de una de las partes a la otra parte.

Debo decir que, en mi criterio, la opinión de Hobbes no encuentra apoyo en las sociedades primitivas. Sabemos por ejemplo que en la etapa del comunismo primitivo los miembros de los diferentes grupos cooperaban unos con otros en vez de arrebatarse las cosas entre sí. La sobrevivencia del grupo dependía de esa cooperación debido al escaso nivel de desarrollo. Las necesidades colectivas estaban por encima de las personales. Debemos entender que el máximo nivel de cooperación que ha conocido el hombre, es justamente ese vivido en estado natural.

Miremos ahora lo que tuvo que decir Jean Jaques Rousseau, filósofo Suizo (1712-1778) sobre el tema. De inmediato presento algunos de los ideales de Rousseau que nos hablan de la lógica de pensamiento detrás de la transición de ser natural a ser social. Rousseau nos dice que la más antigua de todas las instituciones es la familia. En la estructura familiar el jefe de la familia es el padre y sus homólogos en sociedades modernas serían los mandatarios. El pueblo quedaría constituido por los hijos. Mientras los hijos están pequeños, el padre se sacrifica por ellos a cambio de la satisfacción que recibe del cariño proporcionado por ellos. Al llegar a la adultez el deber de padre a hijo, e hijo a padre, se quiebra y cada quien queda libre y sin deber hacia el otro. Si continua la relación de padre e hijo ya no es por deber sino por *convención* o acuerdo. Ese acuerdo constituye, de acuerdo al pensar de Rousseau, el primer modelo de sociedad política.

Al usar la palabra convención, Rousseau también se está refiriendo a un contrato o convenio. Tanto Hobbes como

Rousseau llegaron a la conclusión que una sociedad civil (gobierno) no es más que un contrato entre el colectivo y las instituciones que se instalan para dirigir la sociedad.

En su obra titulada *El Contrato Social*, hablando del acuerdo o convención, Rousseau nos dice que, "La primera y más importante consecuencia de los principios establecidos, es la de que la voluntad general puede únicamente dirigir las fuerzas del Estado de acuerdo con los fines de su institución, que es el bien común" (p. 59). Como se puede ver en el pensamiento de Rousseau, creía en la buena naturaleza del hombre. También nos dice en la misma página, "si la oposición de los intereses particulares ha hecho necesario el establecimiento de sociedades, la conformidad de esos mismos intereses es lo que ha hecho posible su existencia." En otras palabras, si renunciamos al derecho natural de adquirir lo que necesitamos para subsistir a como dé lugar, es precisamente porque la sociedad civil (el Estado) nos garantiza en el contrato mayores beneficios que el estado natural.

De acuerdo a Rousseau el hombre en la naturaleza, para mejorar la probabilidad de sobrevivencia, se veía obligado a colaborar con individuos de otras familias (Stanila, 2011). Esas familias se juntaban, en la opinión de Rousseau, hasta que se desarrollaba interdependencia familiar en esos grupos. Los miembros de esas familias aprendían unos de otros alcanzando un mayor grado de inteligencia, comunicación y creatividad. A eso le llamó Rousseau, *la semilla de la sociedad*. He ahí, de acuerdo a las enseñanzas que nos proporciona Rousseau, el nacimiento de la sociedad civil.

Ambos filósofos concuerdan que en la misma medida que esos humanos primitivos aceptan normas dictadas por el grupo, se transforman poco a poco en seres civilizados. Esto se convierte, como ya se escribió, en el contrato social. Pero, si entendemos que un gobierno no es más que un acuerdo entre los elegidos a gobernar y los que lo eligen, entonces no debe ser tarea difícil entender ese acuerdo. Si analizamos lo que nos dicen tanto Hobbes como Rousseau, los individuos renuncian a una existencia natural con derecho hasta matar si esto fuera necesario pero, ¿a cambio de qué?

Ahora quiero presentar lo que tiene de decir Ana Maria Stanila sobre las enseñanzas de Hobbes y Rousseau. Como se puede ver Hobbes y Rousseau presentan sus argumentos de diferentes ángulos (Stanila, 2012). Rousseau admite que en un momento dado nuestra especie estuvo en competencia con otros animales, nos dice Stanila. También, que para mejorar la probabilidad de sobrevivencia los hombres se agrupaban en familias para colaborar mutuamente y mejorar sus vidas. Esa unión con el tiempo crea dependencia y esa dependencia cada vez más amplia crea la sociedad civil, concluye Stanila en análisis del pensamiento de Rousseau. Aunque Rousseau creía en la nobleza innata del hombre, argumenta que el Estado es invento de los ricos para proteger sus intereses. Para Rousseau la interdependencia que crea el Estado conlleva a los abusos de los más poderosos y ágiles hacia los más débiles e ignorantes.

De acuerdo a Stanila (2012) Hobbes describe al hombre primitivo con dos atributos importantes al momento de entrar en sociedad civil. Según la autora la visión de Hobbes es que el hombre primitivo es egoísta y orgulloso. La lucha desmedida en la visión de Hobbes es de individuos compitiendo por dignidad y reconocimiento. La necesidad de demostrar capacidades que subrayen esos valores llena al hombre primitivo de odio y envidia. Tanto Rousseau como Hobbes presentan la sociedad moderna como el resultado de un proceso en el cual los hombres aceptan normas, derechos y obligaciones (el contrato) y en el cual el hombre primitivo deja de ser natural. Para Hobbes el Estado es el mecanismo que garantiza protección contra abusos y al mismo tiempo ofrece ventajas de seguridad y riqueza.

Muchos cuestionan la validez del denominado contrato social. Según ellos, para que el contrato sea válido debe contar con el consentimiento de los participantes del mismo. De acuerdo a Dehart (2012) las escrituras sobre el contrato atribuyen legitimidad al contrato asumiendo consentimiento de las masas, y luego se usa para fundamentar la autoridad del Estado sobre los pueblos. También que se necesita consentimiento si se considera que los hombres son todos iguales. Finalmente nos dice que esa aprobación se utiliza para racionalizar la autoridad del Estado sobre los pueblos por ser lo único que se puede usar para fundamentar esa autoridad. Esencialmente el autor argumenta que las dificultades que conocemos en relación a los pueblos y sus gobernantes es el resultado de que los pueblos no han extendido consentimiento, por ende los gobiernos no ejercen autoridad legítima. Por ese motivo el Estado se vale de motivos y nociones como son el patriotismo y el amor para lograr obediencia sin tener que recurrir al castigo de la ciudadanía (Dehart, 2012).

No es posible, pero tampoco necesario, enumerar todo lo que debe o debe dejar de hacer un pueblo para cumplir con su parte del contrato. Si quiere tener idea clara de lo que estoy hablando piense en el código penal de leyes de su propio país. Pero miremos algunas de las regulaciones a las que estamos sujetos para cumplir con el contrato; una de ellas es que no debe despojar a nadie de sus pertenencias porque hay leyes que lo prohíben, cosa que podría usted hacer en *un estado de naturaleza*, como lo propone Hobbes. Los ciudadanos contribuyen a un sistema tributario (impuestos) que deberían utilizar los gobernantes para el funcionamiento adecuado de una sociedad. También se rige por las normas y leyes emitidas para la coexistencia pacífica de la misma. Si anda manejando, por ejemplo, debe respetar las leyes de tránsito, de no ser así no podríamos caminar por las calles sin el peligro de ser atropellados. Podemos seguir con esto hasta el cansancio pero como ya se dijo, no es necesario.

Ahora miremos cuál es el papel que desempeña un gobierno. Para seguir con el ejemplo de los impuestos, el propósito de cobrar impuestos a los ciudadanos es proveer a la sociedad servicios que garanticen el bienestar colectivo. Esos recursos deben ser utilizados para construir carreteras que faciliten el movimiento de artículos y personas, para construir escuelas y hospitales y para crear programas sociales que garanticen la dignidad de las vidas de la totalidad de los ciudadanos de una sociedad; el gobierno también debe garantizar empleos a la ciudadanía regulando el sector privado que es siempre, y así debe ser en una democracia auténtica, la mayor fuente de empleos. Si se quiere tener mejor idea de lo que requiere el contrato al gobierno lea la constitución de cualquier país. Ahí encontrará gran parte de lo que exige el contrato a las instituciones de un gobierno en función de ese pueblo.

Las ideas de Hobbes y de Rousseau no deben ser miradas como anticuadas e inútiles. Los ideales de esos filósofos han perdurado hasta los días presentes. En su afán por alcanzar la presidencia de los Estados Unidos Ross Perot presentó la idea de que un país es como una granja y que los dueños de la granja son los ciudadanos. Voy a expandir sobre ese ejemplo para ilustrar por ser válida la comparación que hizo el excandidato. Imagínese que su país es una finca con cien dueños. La finca es el país y los cien dueños son el pueblo. Los dueños contratan un capataz para que se encargue de la finca y otros tantos para que asistan al capataz. Los dueños construyen una casa en la finca para que en ella viva el capataz y su familia. En nuestro caso la finca es Estados Unidos y el capataz en estos momentos es Barack Obama. La casa que construyeron para el capataz es la Casa Blanca y los asistentes son los miembros del Senado. Por último imagínese que en ese grupo de cien personas hay tres que pagan al capataz y a los ayudantes a escondidas de los otros dueños para que hagan lo que les ordenen esos tres.

Eso es justamente lo que sucede en los "gobiernos". A nadie se le ocurre pensar que si el capataz no cumple con sus labores, si es que se hace la voluntad de los dueños, estos le permitirán seguir en su función y lo reemplazarían de inmediato; lo mismo sucedería con los asistentes. Entonces, ¿porque no podemos deshacernos de esos bandidos que llevan cientos de años desobedeciendo la voluntad del pueblo? La respuesta es simple. El motivo es que ni el capataz ni los asistentes trabajan para usted y para mí, sino para los capitalistas que están representados en los tres malhechores mencionados arriba. Para determinar si un gobierno es bueno hace falta medir su desempeño. Pero, ¿cómo se mide? El desempeño de un buen gobierno se mide de acuerdo a la medida en que promueva igualdad de oportunidades a la totalidad de los miembros de una sociedad. Todo ciudadano tiene el derecho, a cambio de una conducta de respeto y obediencia a las leyes y a las normas de esa sociedad, a que se le garantice los elementos fundamentales que aseguren una vida digna. Esto incluye, pero no está limitado a comida, medicinas, educación, seguridad y vivienda. Es importante recordarle en este momento que las instituciones en una sociedad civil se crean justamente para asegurar no sólo que los ciudadanos cumplan con su deber sino también que el gobierno cumpla las suyas; de nuevo, ese es el contrato social.

En ningún momento se debe entender que las explicaciones presentadas significan que un gobierno está en deber de proveer de forma directa las cosas que necesitamos para vivir de manera digna. Hay casos especiales que si lo ameritan; hay miembros en todas las sociedades que por razones ajenas a su voluntad, no se valen de si mismos. En esos casos es deber del gobierno facilitar los elementos básicos que necesita todo ser humano para vivir con dignidad. En casos de personas con discapacidades los gobiernos deberían ir más lejos y hacer un intento autentico para que esas personas conduzcan vidas satisfactorias y dignas, claro está, en la medida que sea posible. Voy a dar otro ejemplo para simplificar la irracionalidad de lo que vemos hoy en función de los gobiernos modernos. Imagínese que la población de todo el planeta está representada en dos familias. Una familia la denominaré A y la otra será la familia F; cada familia está compuesta por un número igual de miembros. Digamos también que una de las familias tiene un miembro llamado Juan y otro Pedro. Ahora imagine que la familia A (agricultores) tiene como función producir, y bajo su control, todo lo que necesitan las dos familias que tenga que ver con la subsistencia como son los alimentos y el agua. La familia F (fabricantes) en cambio tiene en su poder todos los mecanismos para producir las necesidades industriales como son ropas, zapatos y todos los productos elaborados que puedan necesitar las dos familias, incluyendo servicios. Este ejemplo no incluye uso de dinero pero no es necesario por ahora, un intercambio simple entre estas dos familias basta para ilustrar la idea de lo que pretendo explicar. El dinero no es más que la representación de ese intercambio.

Digamos primeramente que cada familia produce justamente lo que necesitan las dos familias y no hay excedencia de producción. No es difícil entender que si la familia A no intercambia parte de la comida para satisfacer sus necesidades de productos industriales, tendrá que vivir sin ellos. Lo mismo pasa con la familia F, sino intercambia parte de su producción por los alimentos que necesita, se quedará sin comer. En ese escenario las familias se ven en la obligación de cooperar en un ambiente de igualdad ¿Qué cree que sucedería si digamos, Juan le pide a Pedro que deje de comer una semana porque él quisiera tener dos pares de zapatos en vez de uno? Podemos imaginar que Pedro le preguntará, ¿porque no dejas de comer tu por una semana, y así tendré yo dos pares de zapatos? Lo importante es entender que no funcionaría, la condición de igualdad lo impide.

Ahora quiero presentar lo que sucedería al momento que las familias producen riqueza. Para lograr esto hay que producir más comida y elaborar más productos de los que necesitan las dos familias para su consumo inmediato. Imagínese que la familia de fabricantes produjo un exceso de veinte pares de zapatos equivalentes en valor a cien libras de arroz y los dueños del arroz produjeron cien libras de arroz por encima del consumo de las dos familias. Si hay voluntad, podría haber un intercambio de diez pares de zapatos por cincuenta libras de arroz. Lo que quiero subrayar es que siempre habrá equilibrio mientras que en las negociaciones no entre la mentira y la maldad que conllevarían al desequilibrio. Mientras las familias mantengan igualdad de condición y todos los miembros actúen a favor del colectivo, las necesidades de todos serán satisfechas y no habrá discordia.

Claro, el ejemplo asume que cada miembro participa en su capacidad a la producción de su familia. Digo en su capacidad pues un niño de dos años no tiene la misma capacidad que una persona de veinticinco.

Imagínese ahora que cada una de esas familias es una nación independiente. No importa el número de habitantes en esas naciones, si se mantiene el principio de la igualdad, y no se actúa en contra del colectivo siempre habrá para todos. Cada nación produciría lo que necesita la totalidad de sus habitantes y si se produce riqueza, y todas las naciones están en condición de producirla, la cambiaría por otros productos. Los productos que se reciben a cambio de la riqueza serian distribuidos de manera equitativa pues Pedro no va a dejar de comer para que Juan tenga dos pares de zapatos, o lo que es lo mismo, son todos iguales, o las diferencias son insignificantes.

Debe tener en mente la dinámica del ejemplo que acabo de dar mientras lee, pues pone a la luz del día los males de las sociedades desde que nuestra especie superó el comunismo primitivo. Lo primero que notamos es que en las sociedades "modernas" una minoría marcada tiene hasta el desperdicio mientras que otros mueren de hambre. También subraya el hecho de que en las sociedades de hoy no hay *igualdad* de condición; que a nivel individual los ricos son ricos porque le arrebatan la riqueza a los pobres (pedro no deja de comer

18

voluntariamente); y a nivel nacional las naciones ricas son ricas porque defalcan otras naciones de la riqueza social producida por esas naciones, sin decir nada todavía de la riqueza natural. Todos estos conceptos los discutiré de manera detallada pero por ahora debo volver a la explicación de lo que es un gobierno.

La función de un gobierno debe estar centrada en crear sociedades capaces de proveer a la totalidad de sus ciudadanos los medios que permita a cada miembro de la sociedad en edad y capacidad de hacerlo, ganarse su sustento y el de su familia. Esto significa que debe garantizar a la totalidad de la población empleos que les permita a los obreros comprar las cosas que todo ser humano necesita para vivir de manera digna. Como ya hemos visto por lo que dice Hobbes y Rousseau, el contrato así lo exige. El ciudadano que viola la ley es castigado por el Estado. En el caso de que sea el Estado quien violente las pautas del contrato el pueblo queda libre para regresar al estado de naturaleza pues el Estado necesita el consentimiento de los ciudadanos para validar el contrato.

Lo que se acaba de escribir sobre el trabajo no significa que el gobierno debe proveer esos empleos de manera directa. Las instituciones de un gobierno están en la obligación de diseñar, y hacer cumplir regulaciones que garantice a los que venden esfuerzo un salario justo por su trabajo, que les permita comprar los productos y servicios que garanticen el nivel de vida del que habla este trabajo. Esto se logra a través de regulaciones que tal como lo explica el capítulo sobre la democracia, el pueblo impone a través de funcionarios electos para que representen el bienestar del colectivo que los elige.

Con fin de lograr ese objetivo las instituciones de un gobierno deben siempre estar alerta. De lo contrario sucede justamente lo que vemos hoy, personas empleadas a tiempo completo con sueldos que no les alcanza ni para comer mientras que sus empleadores se llevan a sus cuentas bancarias cantidades cuantiosas. La riqueza es producto de la labor de los seres humanos y los gobiernos están en deber de prohibir prácticas que permitan la explotación de esos trabajadores. No es únicamente cuestión de moral, es parte integra del contrato social y de no ser así no es un gobierno sino de una tiranía; lo que equivale a decir que la mayor parte de los contratantes (el pueblo) son obligados bajo imposición, no en cumplimiento de un contrato.

Aunque el tema del trabajo será mencionado una y otra vez por la importancia que tiene en su relación al Estado, es sólo uno de los elementos básicos del contrato. Es esencial que se entienda, incluso es la razón principal para escribir las ideas que ahora lee, como lo proponen los filósofos mencionados, que un gobierno es un contrato. Es un pacto entre las instituciones creadas para el funcionamiento adecuado de una sociedad y sus ciudadanos. También, que los dirigentes de esas instituciones no están exento, como sucede casi siempre, de las normas y regulaciones que emanan de esas instituciones. Se ve una y otra vez funcionarios de gobiernos que ante la mirada atónica de los ciudadanos, se roban cuantiosas fortunas bajo el amparo de leyes elaboradas por el Estado. El contrato requiere de funcionarios honestos y con estatura moral que gobiernen con apego a las normas del contrato. De nuevo, de no ser así no cuenta con el consentimiento del pueblo que es quien otorga autoridad de ejecución del contrato, o lo que es lo mismo, el contrato no es legal, tal como lo propone (Dehart, 2012).

Es importante subrayar la importancia que tiene lo que dice el párrafo anterior. Nadie entra en contratos de forma voluntaria de no ser que lo crea conveniente. También debemos asumir, si es que el colectivo se considera racional, que al momento que el Estado deja de cumplir con los mandatos del contrato, el soberano también se considera libre del mismo. Eso significa que el pueblo queda en libertad de dejar las instituciones del gobierno sin efecto. Tenemos ejemplos en abundancia en la historia de la humanidad para fundamentar lo que acabo de escribir. Es justamente lo que sucede cuando se desatan guerras civiles en los pueblos. Ese fenómeno también se observa, en menor grado, usualmente en nuestro país cuando policías blancos matan ciudadanos negros y no se hace justicia. En ocasiones esas muertes causan disturbios en la ciudadanía que siente que los policías exceden la autoridad que les extienden los ciudadanos a través del contrato social.

Es necesario que se entienda que de la misma manera que a los ciudadanos se les obliga a obedecer las leyes, los pueblos están en derecho de exigir que las instituciones desempeñen las funciones para las cuales que fueron concebidas. De esta manera el ministerio de trabajo, para utilizarlo como ejemplo, está en deber de implementar política que garantice la creación de empleos a la totalidad de nacionales en disposición y capacidad de hacerlo. De la misma manera el ministerio de salud debe velar porque la totalidad de los ciudadanos tengan acceso a servicios de salud. En fin, debe entenderse que las instituciones gubernamentales se crean con un propósito y si no cumplen ese propósito marcado deja evidenciado que dicha sociedad incumple el contrato. Esas sociedades no se apegan a normas democráticas que es lo que sucede en nuestro país. Las democracias que operan en ambiente de mínima institucionalidad no son más que imposiciones a los pueblos por la clase dominante.

En los últimos años hemos visto gobiernos que se preocupan por poner las instituciones gubernamentales al servicio de los pueblos. Puedo señalar a Bolivia y al Ecuador entre esos gobiernos. Tanto Rafael Correa en Ecuador como Evo

Morales en Bolivia, según Robinson (2012), han utilizado el sistema tributario, la nacionalización parcial de industrias y programas sociales para redistribuir recursos a favor de las mayorías pobres. Nos dice también que esos gobiernos han tomado mayor control de la participación de los recursos del Estado (y yo le recuerdo que esos recursos son de los pueblos) para distribuirlos más equitativamente. De eso se trata el contrato social. Los que se colocan al frente de las instituciones gubernamentales están en el deber de aplicar políticas dirigidas a regular la actividad económica de la nación y garantizar distribución de los recursos de manera justa, y que alcance a la totalidad de sus ciudadanos.

Existe un abismo entre lo que entendemos debe ser un gobierno y lo que en realidad son. Las sociedades más "avanzadas" hablan de ideales que son puramente académicos. Todos sabemos cómo deben funcionar los gobiernos, sin embargo el principal promotor de esos ideales, que es justamente Estados Unidos, los pisotea a diario al mismo tiempo que pretende que el resto del mundo lo glorifique con halagos. Hay gobiernos que en estos momentos luchan por lograr los ideales que los norteamericanos dicen poner en alto, sin embargo, desde la sede del gobierno estadounidense atacan esas sociedades y la llaman socialistas, palabra a la que le atribuyen los peores males.

Pese a que hablo de programas sociales, este trabajo no

aboga por socialismo; no porque no es la solución de todos los males que sufren hoy los pueblos. No propongo esa meta porque los pueblos todavía no han alcanzado un nivel de conciencia que lo permita. Implementar democracia es mucho más fácil que desarrollar socialismo. Es por eso que abogo por procesos democráticos en vez de socialistas. También debemos estar claros en que de la única forma de alcanzar democracia auténtica es a través de la implementación de programas sociales, o lo que es lo mismo, socializando el sistema económico de una nación. Eso no significa que al final de esa jornada terminaremos con sociedades socialistas.

Soy de criterio que los que se empeñan e insisten en la implementación de socialismo en este momento comenten gran error. Teóricos modernos, a la altura del ya fallecido expresidente de la Republica Dominicana Juan Bosch se encuentra entre ellos. Tenía gran capacidad de análisis, pero era terco e imponente. No logró entender que el socialismo no es imposición sino un proceso que se desarrolla en la medida que los pueblos cobran conciencia. Dispensar energías para lograr esa meta es en vano. Hasta que los pueblos no pongan en práctica, y maduren principios verdaderamente democráticos, no estarán listos para superar la democracia, pues el nivel de conciencia del colectivo, no lo permite.

Empeñarnos en alcanzar esa meta es atrasar desarrollo

democrático; Bosch pasó toda su vida proponiendo socialismo al pueblo dominicano, y el país está más atrasado que nunca. Las energías de los pueblos deberían estar centradas en la creación de democracias auténticas, como primer paso. Eso no significa que se engavete el tema del socialismo, solo que no debe proponerse como meta inmediata, pues el nivel de conciencia de los pueblos no lo permite aún. Socialismo requiere, como precondición, que el hombre se deshaga de sentimientos como son la envidia, el celo, el egoísmo, la avaricia y la hipocresía, para mencionar algunos. Así es que no debemos desvelar por esos afanes y entender que cuando los capitalistas hablan de esas cosas lo hacen con ánimo de inducir miedo en el psíquico de los pueblos.

Hay pueblos que han logrado importantes avances para alcanzar ideales que naciones como los Estados Unidos proclaman de alto valor. Muchos gobiernos hablan de democracia por las imágenes de justicia e igualdad de condición que invoca la palabra en las mentes de los que oyen hablar del principio. Uno de los elementos fundamentales de una sociedad en camino hacia la democracia es un gobierno que se empeñe en alcanzar igualdad de oportunidades para todos sus ciudadanos. ¿Se atreve alguien a decir que en nuestro país existe, o que al menos estamos luchando por alcanzar igualdad? Lo peor es que criticamos sociedades que si lo hacen, en mi criterio, por falta de concientización.

Sabemos por ejemplo que en Bolivia bajo el mando de Evo Morales la brecha económico-social de ese pueblo ha mejorado considerablemente. El triunfo económico que se le atribuye a la administración de Morales se fundamenta en que ha colocado muchas industrias, desde minas hasta las compañías de teléfonos, bajo el control del Estado (Dangl, 2014). Esto ha permitido al gobierno generar fondos para financiar programas sociales bien recibidos por el pueblo. Incluye programas destinados a sacar madres, niños y viejos de la pobreza. Unesco ha declarado a Bolivia libre de analfabetismo gracias a un programa implementado por la administración de Morales para erradicar el analfabetismo. Muchos de los fondos creados por la nacionalización de industrias son destinados a programas de infraestructuras, según nos dice el autor.

El autor del mismo artículo piensa que Morales deja instalada una sociedad transformada. Nos dice que en estos momentos es escaso el saqueo (históricamente prevalente en Bolivia) de corporaciones extranjeras y de tecnócratas, y que ha puesto el país en un curso difícil de imaginar en la era neoliberal de los noventas. Dice también que la disminución de pobreza e incremento en alfabetización tendrán un impacto que perdurará por mucho tiempo en Bolivia. Según el autor en ese ambiente el país ha visto su producto interno bruto subir de manera considerable. Reporta también que eso ha contribuido a reducir la pobreza en el país a tal grado que las Naciones Unidas considera la más alta entre los países de la región. Nos da un dato alentador para los que se preocupan por los pobres al decir que el sueldo mínimo del pueblo Boliviano aumentó en un veinte por ciento en el 2012. Esos logros se deben, como ya se escribió, a la nacionalización de importantes industrias. Y yo pregunto, ¿qué están haciendo la interminable lista de disque democracias que conocemos, incluyendo a los Estados Unidos, para mejorar la situación de los pobres?

No está sólo Dangl en lo que reporta en su investigación. Alejandro Velasco reporta resultados similares. De acuerdo a Velasco (2014/2015) inversiones en el sector público han crecido significativamente mientras que la pobreza ha disminuido de manera notable. El producto interno bruto ha crecido continuamente; billones de dólares han sido acumulados en reservas exteriores al mismo tiempo que Bolivia ha mantenido saludable crédito internacional, nos dice Velasco. Todo esto se ha logrado implementando políticas contradictorias al modelo neoliberal del pasado en el país andino. La administración de Morales ha nacionalizado recursos naturales, demandado altos impuestos a los bancos, cortado cooperación con compañías de fármacos, y en el 2008 expulsó el embajador norteamericano por tratar de debilitar el gobierno de Morales. Al mismo tiempo la democracia Boliviana es más estable y más inclusiva que nunca, reporta el autor.

Podría citar otros gobiernos que están mejorando las condiciones de sus pueblos. Se hace fácil identificarlos; sólo hay que someter a análisis las gestiones de sociedades que Estados Unidos se afana en desacreditar por representar un desafío a los intereses de capitalistas norteamericanos. El motivo es que nuestro gobierno considera sociedades que implementan programas sociales que benefician sus pueblos como estorbo para los intereses del sector privado estadounidense. Sin embargo, es necesario que sigamos esos ejemplos y elijamos candidatos que desafíen abiertamente, tal y como lo han hecho esos pueblos sin temor a que países como el nuestro lo denominen socialistas, o como le llamen; esas son estrategias de capitalistas sin consideración, que se benefician de las desigualdades en el seno de los pueblos y por eso las atacan.

También podemos analizar el caso del ecuador bajo el mando de Rafael Correa, a quien Estados Unidos mira como enemigo. Hiemstra (sin año) teoriza que medidas implementadas por la administración de Correa abren las puertas a la posibilidad de intervención. Una de esas medidas es, según el autor, la negación de la administración a permitir la continuación de la Base Manta, una base semi-militar de Estados Unidos que operaba en territorio ecuatoriano. Lo que disgusta a los americanos es simplemente que tal como sucede en Bolivia, Ecuador ha abandonado prácticas neoliberales, lo que equivale a decir, contra los capitalistas americanos.

Es fácil simplificar los tipos de gobiernos que se han conocido a través de la historia. Desde la desaparición del comunismo primitivo se pueden reducir a dos; uno que beneficia las masas y el otro que beneficia a un grupo de interés, que siempre es una minoría marcada. Es el grupo de hombres y mujeres que este trabajo ha llamado blanco, grupito, capitalistas y europeos. Históricamente también se les ha conocido por nombres como clase esclavista, señores feudales, burguesía y realeza. Las masas por su parte se han conocido bajo nombres de esclavos, siervos, obreros, trabajadores, pueblos, sociedades y como las masas. Debo aclarar que en muchas ocasiones el contexto en que se usan algunas de esas palabras es importante pues incluye la totalidad de los habitantes en determinado territorio o país.

Lo importante es reconocer que el establecimiento de las sociedades a las que hago referencia en este trabajo es el resultado de dos clases cuyos intereses son irreconciliables. Tarde o temprano la explotación ilimitada lleva al rompimiento del orden establecido, y esto a la erección de nuevas formas de gobiernos. En el pasado hemos conocido, por ejemplo, el sistema esclavista y el feudalismo. La superación del sistema esclavista ddy Olivares

dio paso al establecimiento del feudalismo, para dar un ejemplo; en el capítulo sobre capitalismo presento explicación mucho más amplia.

La historia está eslabonada de hechos. Es importante conocer esa historia, pues es justamente ese entendimiento lo que nos permitirá elaborar programas destinados a crear sociedades con estructuras diseñadas a que todos los seres humanos alcancen vidas dignas. Es por eso que los sectores dominantes en el sistema capitalista moderno intentan esconder las verdaderas raíces de esa historia, aunque finalmente el curso natural de los acontecimientos las delata. Los acontecimientos a los que hago referencia están fundamentados en el sistema o modo de producción de las sociedades en análisis en esta escritura, que comienzan en la etapa del comunismo primitivo y termina con el capitalismo.

No es posible borrar esa historia, no importa la magnitud del intento. A lo máximo logran distorsionarla, cosa que alcanzan a medias y por poco tiempo. Surgen trabajos como el que ahora lee que clarifican la historia con el propósito de contrarrestar los efectos que producen los intentos de confundir los pueblos, en la esperanza de seguir explotándolos.

Hemos vivido, y seguiremos viviendo durante mucho tiempo las luchas que se escenifican por diferentes confines del universo donde los pueblos reclaman justicia. Hombres y mujeres pierden sus vidas en desafío de miserables condiciones de vida a que son sometidos esos pueblos; muchas de esas sociedades viven bajo dictaduras de reinados apadrinadas por el capitalismo. Capitalistas de naciones desarrolladas entran en acuerdos con sociedades atrasadas para saquear las riquezas que los gobernantes de sociedades menos desarrolladas ofrecen con el propósito de servir la clase capitalista de esas naciones. El precio es el atropello al que someten los capitalistas nacionales, y aquellos de sociedades más avanzadas, a los pueblos tanto de las sociedades de los primeros, como a la de los segundos. Todo esto se hace dentro del "marco legal" de sociedades revestidas de democracias que tienen como fin alianzas de malhechores. Esas alianzas logran su objetivo por medio de tratados de libre comercio en un ambiente neoliberal que propicia condiciones favorables a ese propósito.

Se dan luchas que alcanzan el poder elevando el nivel de conciencia en esos pueblos. Cuando se dan esos casos el liderazgo es auténtico. Ya mencioné el caso de Bolivia pero hay otros ejemplos en diferentes países de América Latina que han sido capaces de comenzar a unificar fuerzas para decir basta ya a las nuevas formas de opresión de los grandes y poderosos centros capitalistas desarrollados. Basta ya de explotación de países débiles, con sus crisis económicas periódicas y creadas por el consumo desmedido hasta el desperdicio. Basta ya de la ceguera en la que han mantenido a billones de seres humanos que trabajan sin descanso sin ver el resultado de sus esfuerzos traducirse en prosperidad para sus familias. ¡Basta ya!...

He escrito ya sobre gobiernos y los pueblos pero hasta ahora lo he hecho de manera generaliza y sin asignar funciones específicas a las instituciones gubernamentales. Ahora debo presentar de manera concreta la función más importante de cualquier gobierno. Piense usted por ejemplo lo que significa vivir en anarquía donde rige la ley del más fuerte. Es más o menos lo que pensaba Hobbes donde se desatarían conflictos entre unos y otros. Pero ahora no piense en unos y otros como seres humanos sino que también podrían ser corporaciones del sector privado. Esa situación daría espacio a una sociedad de conflictos entre hombres contra hombres u hombres contra corporaciones. Más o menos eso es lo que sucede en las sociedades hoy día en las que surgen conflictos entre hombres y corporaciones. La función de los funcionarios de gobiernos no es más que mediar esos conflictos, siempre tomando en consideración que la autoridad que ejercen les he prestada por el pueblo. Dicho de otra manera, el contrato social exige que las instituciones gubernamentales regule tanto la conducta de los ciudadanos como la de las instituciones en manos del sector empresarial.

Ese concepto es de suma importancia pues esas instituciones son edificadas con el fin de proteger los pueblos contra prácticas abusivas y deshumanizantes que emanan del sector privado. Hablare más sobre el tema pero por ahora basta decir que la función más importante de cualquier gobierno es manejar las finanzas de un país. El manejo de las finanzas no se puede separar del pueblo ni de del sector empresarial, ni de los funcionarios gubernamentales por estar hatadas a la producción nacional. La producción nacional por su parte es el indicador de lo que produce una nación para satisfacer sus necesidades. La riqueza es el valor total de lo que produce un pueblo por encima de su consumo. Todos esos elementos están relacionados íntimamente y no pueden ser separados. Son parte de un cuerpo que conocemos como gobierno y no puede haber gobierno incompleto.

Han sido muchos los intentos por alcanzar justicia social y económica. Han perdido la vida muchos en esas batallas que contribuyen, dejando a un lado el juicio de si son categorizadas como triunfos o derrotas, al progreso de la emancipación de los pueblos del planeta. Esas luchas son como piezas de un rompecabezas que forman una imagen. La imagen es del derrocamiento del capitalismo deshumanizante y opresivo. Esa imagen no puede estar completa si le faltan piezas al rompecabezas. Aún y la historia no asiente esos episodios como peldaños que ascienden la conciencia del colectivo y nos acercan más a la creación de sociedades verdaderamente justas, eso es justamente lo que son.

Usted se preguntará de donde saldrán los soldados para librar esa lucha, y yo le contesto que están en todos lados. Es la cajera que le cobra a usted en el supermercado. Es el barbero y la estilista de los salones de belleza; son los taxistas; los profesionales que no encuentran trabajo en sus profesiones y cuyo número es cada vez mayor. El trabajador que se reúsa a vender su esfuerzo porque entiende que lo que ganará no le alcanza ni para comer, es un revolucionario de esa lucha. A ese trabajador muchos lo catalogan como vago pues nos dicen los capitalistas que eso es lo que es. Sin embargo ese "vago" lucha contra condiciones odiosas de injusticia que degradan al ser humano al reusarse a trabajar por una miseria. Ese "vago" entiende que no todos los trabajos dignifican como dice el dicho; únicamente dignifica el trabajo que pague un salario que le permita al trabajador satisfacer sus necesidades.

Los que protestan las injusticias sociales son soldados de esa revolución. Yo que escribo con el fin de elevar el nivel de conciencia y así mejorar las condiciones socio-económicas de las masas desenmascarando esa clase parasitaria y despiadada, soy revolucionario de esa lucha; usted que ahora lee estas palabras es parte de la pugna que culminará con la restauración de la dignidad de todos los miembros del planeta. Billones de seres humanos que se identifican con lo que dice este trabajo son soldados de esa lucha. No puedo precisar si tardarán diez o cien años pero le aseguro que tarde o temprano, se impondrá la voluntad del pueblo pues contra un pueblo unido no hay desafío que se sostenga.

No estoy sólo en mi postura de que la clase capitalista es parasitaria y vive de manera acomodada con el sacrificio de los obreros que producen la riqueza de la que gozan ellos. Kalouche (2012) nos dice, al referirse a esa élite global, que no desempeña ocupación alguna para satisfacer sus necesidades; hasta las más excesivas son satisfechas por la clase obrera; que no se involucra en actividad de producción y cuando lo hace es de manera marginal u organizacional. Nos dice también que esa clase mantiene un círculo cerrado de interacción con otros, a pesar de ser global. Por ultimo nos deja saber que esa clase crea una imagen que es idealizada por la clase profesional que aspira también a llegar a ese nivel. Y yo agrego que de esa manera induce a esa clase profesional a actuar de manera cada vez más calculada y fría hacía los que le rodean, motivados por el afán de lograr el objetivo.

Para regresar a la importancia que tiene esa resistencia que poco a poco va revelando la naturaleza de los capitalistas en el seno de los pueblos entienda esto. Esa conducta de enfrentamiento que acabo de escribir eleva el nivel de conciencia de los pueblos y se encarna en los que se colocan al frente de esas luchas, como en el mencionado caso de Evo Morales. Ese elevado nivel de conciencia es el terreno fértil para desarrollar nuevos conceptos que se llevan a la práctica al momento que se logra el poder.

La práctica debe estar dirigida por nuevos conceptos políticos que sirven de guía y resumen la experiencia que servirá para alcanzar una visión cada vez más avanzada. Se debe hacer conforme a una realidad objetiva de elevar los niveles de participación de los pueblos y siempre partiendo de las necesidades de la clase productora. Hemos visto sociedades de América Latina dar inicio a ese afán pero falta mucho por hacer. También hemos visto la rabia que puede desencadenar esos triunfos como es el caso que se dio en Grecia, obligando al primer ministro Alexis Tsipras a renunciar.

Aunque los defensores del capitalismo intentan desacreditar las sociedades que acabo de describir llamándole socialistas, la realidad es que las medidas que ponen en práctica son puramente democráticas. El espíritu de llevar a cabo cambios fundamentales a favor de los pueblos es concepto democrático. El afán por repartir los recursos económicos hasta alcanzar todos los sectores de una sociedad es medida democrática. Si luchar por una sociedad incluyente que logre la participación de todos para alcanzar el grado de desarrollo que amerita todo ciudadano no es democrático, admito ser ignorante, pues no sé lo que es democracia. Si un gobierno democrático es uno repleto de obreros modernos, estudiantes, intelectuales de todas las ramas profesionales sumergidos en precariedades, no conozco la democracia. Si además en una democracia millones de personas viven bajo al nivel de la pobreza, sin contar con servicios elementales de salud y alimentación ¿qué puede ser peor que la democracia?

Es necesario capacitarnos para identificar la democracia auténtica. Lo cierto es que el curso natural de cambio que sufre todo en la vida lleva a la conclusión de que el sistema de explotación desmedida será reemplazado por otro mucho más justo. A nadie debe extrañar que la clase que estará al frente de esos cambios sea la clase que no tiene compromiso con el pasado. La clase productora no tiene nada que perder al momento que se ponga fin al capitalismo depredador y humillante, más allá de las cadenas que la mantiene atada a un sistema injusto y deshumanizante. Es la única clase capaz de conducir a todos los explotados hacia la verdadera liberación y el goce de derechos amplios y reales.

Debemos empezar por exigir a los gobiernos actuales la implementación de programas educativos que eleven el nivel de conciencia empezando con los jóvenes. Cus y Cetin (2014) están de acuerdo en la importancia que guarda enseñarle a los niños sobre democracia a temprana edad. Dicen que no se puede practicar lo que no se conoce. Condujeron estudio para determinar que piensan los niños (1667 niños y niñas de sexto, séptimo y octavo grados) sobre la democracia. Encontraron que las niñas acogen conducta democrática con más facilidad que los barones y que tienen mejor percepción del ideal. También, que la percepción positiva sobre la democracia incrementa con cada año de estudio sobre el tema. Finalmente, descubrieron relación entre el nivel de educación y económico de los padres y la percepción de los niños. Mientras más altos son los ingresos y el nivel de educación de los padres, más afinidad tienen los niños con ideales democráticos. No debe sorprender a nadie lo que determinó el estudio. Mientras más alto el nivel de vida de las familias de ese estudio, más alta la probabilidad que se identifique con el sistema que promueve esos valores, aún y no los practique.

Los valores de democracias auténticas deben ser parte de programas educativos a todo nivel y de *todos* los entornos socio-económicos en *todas* las sociedades. Los gobiernos que se den a la tarea de democratizar deberán capacitar profesionales para lograr ese fin. Es de particular interés que los programas de enseñanza se impartan a temprana edad y que sean incluyentes de la clase obrera que históricamente ha sido excluida de participación. Los pueblos deben insistir en eso, es en el corazón de esa clase donde se desarrollará la inquietud que se encargará de dirigir el esfuerzo de liberación. Es esa clase de obreros modernos y con visión de los intereses a defender, portadora de un nuevo modo de producción la que dará inicio a una transformación de democracia auténtica.

El desgaste que produce el tiempo a todo proceso, y los abusos cometidos contra la clase trabajadora se encarnará en esa clase de obreros modernos. Eso no significa que los que se colocan al frente de esas luchas tendrán que ser necesariamente obreros "comunes". Como he dicho en otra parte de este trabajo la/s persona/s que se encarguen de dirigir esa lucha puede venir de cualquier capa de la sociedad. Piense por ejemplo en el caso de Simón Bolívar o el de Frederick Engels. Ambos eran provenientes de familias prominentes de la alta sociedad y se convirtieron en líderes de esfuerzos progresistas. Lo importante es entender que exclusivamente liderazgos que conquisten el respaldo de la clase obrera, que es cada vez más numerosa y con más necesidades, triunfarán. Resta decir, que son justamente esas necesidades el combustible y detonante a dar inicio al rompimiento de prácticas tradicionales que no proyectan cambios auténticos.

Lo que ofrecen las políticas tradicionales es más de lo mismo, lo que equivale a decir que la clase obrera lo rechazará con énfasis. Los gobiernos del pasado, y muy pocos de ahora, han demostrado interés en resolver los problemas de los pueblos.

Por el contrario, se afanan por manipular los pueblos con el fin de engañarlos. He aquí lo que expresó Edward Bernays, funcionario de la administración de Woodrow Wilson, en un manual de relaciones públicas, *la manipulación consciente e inteligente de los hábitos y opiniones de las masas es un elemento de importancia en una democracia*. A eso le llama el señor Bernays *consentimiento fabricado* y *consentimiento sin consentir*, cosa que se logra a través de, en palabras de Bernays, *propaganda*. Para presentar todo esto en terminología simple, fabrican consentimiento a través de mentiras y engaños.

Estamos lidiando con elementos de poco, o ningún escrúpulo. Será difícil establecer gobiernos justos que muestren preocupación por el bienestar de los pueblos. Se hará aún más difícil porque hay mucha gente que ha perdido la ilusión por luchar contra sistemas de gobiernos crueles y despiadados. Sin embargo, estoy convencido que ha llegado la hora de unirnos a esfuerzos ya iniciados para reclamar justicia.

Muchos piensan que esto no es más que un sueño inalcanzable, yo no pienso de esa manera. Como ya se dijo, hemos visto esos procesos de democracias auténticas en desarrollo en algunos países de América Latina. Lo que es un sueño es pensar que los capitalistas se quedaran cruzados de brazos. Van a hacer, como vimos en Grecia, todo lo que esté a su alcance para impedirlo y en muchas instancias lo lograrán. Al momento de escribir este libro Venezuela pasa por una crisis causada en parte por falta de visión de las administraciones de Hugo Chávez y Nicolás Maduro. La causa mayor, sin embargo, es que el sector empresarial venezolano, que controla importaciones y exportaciones, se ha dado a la tarea de escanciar productos de necesidades básicas para frustrar el gobierno de Maduro.

No sé si la administración de Maduro logrará superar esa situación, pues el sector empresarial venezolano cuenta con el apoyo del gobierno de Estados Unidos. Nuestro país hará lo que este a su alcance para asistir al sector privado venezolano a desmantelar la administración de Maduro. De lo que si estoy seguro, es que otros gobiernos de América Latina deben estar alertas. El gobierno estadounidense actuará de la misma manera contra cualquier administración progresista en cualquier parte del planeta, especialmente en el hemisferio americano. De particular interés para el gobierno norteamericano son Ecuador y Bolivia, por ser estos ejemplos capaces de despertar anhelos de progreso y justicia en otros pueblos de la región.

Debemos entender que los cambios de los que habla este trabajo no son productos de la pólvora sino de más alto nivel de conciencia de los pueblos. Es por eso de mucha importancia que nuestra generación haga los aportes correspondientes y se suma a esa lucha en base a esa realidad que ya inició, y que gozarán generaciones futuras con más amplitud y en mayor grado. Como ejemplo de lo que acabo de escribir cito la Alianza Bolivariana Para Los Pueblos De Nuestra América (ALBA). La alternativa está en su infancia, más nadie debe dudar madurará, será cada vez más amplia y se mantendrá firme frente a los retos que presentara esa clase parasitaria que conocemos por el nombre de capitalistas. Piense, en 1990 solo Cuba y Nicaragua contaban con gobiernos de la izquierda, sin embargo hoy se añaden Ecuador, Bolivia, Venezuela, Chile y Uruguay, entre otros.

No son exclusivamente países de bajo y mediano nivel de desarrollo los que se han unido a ese movimiento. Fíjese en el escenario político en estos momentos en Estados Unidos. Hoy cuenta con Bernie Sanders, precandidato a la presidencia estadounidense. La importancia de Sanders es que ha conquistado el favor de un importante segmento del pueblo Americano sin disimular su postura de tendencia socialista. No se han percatado todavía los capitalistas pero Bernie Sanders ha infligido una herida de muerte al capitalismo depredador y despiadado.

En esto también habrá espacios de retroceso, sin embargo, la hemorragia no cesará y poco a poco se debilitará la dictadura neoliberal hasta convertirse en víctima de un patriota. Aún y no logre la presidencia en el 2016, otros vendrán, y seguirán el camino progresista construido por él. Esos futuros políticos saben que contarán con el apoyo del pueblo Americano aún declarando ser socialistas, si son humildes y sus propuestas son auténticas. Nuestro pueblo está endeudado con Sanders. No cabe duda que futuras generaciones que gozarán de derechos negados a nuestros hijos hoy, le harán homenaje mucho más condecorado de lo que puedo hacer yo con estas humildes palabras. ¡Gracias Bernie!

Capítulo 2: Democracia

En el capítulo anterior hablé de democracia y de democracia auténtica sin entrar en detalles del significado de esos conceptos. Ahora debo profundizar en lo que realmente es una democracia pues, ¿cómo sabemos que queremos vivir en democracia si no la conocemos? Los pueblos deberían dominar estos conceptos y entenderlos de manera íntima ya que nuestros gobiernos se afanan en convencernos de que vivimos en democracia. Tanto el modelo de gobierno como el modelo económico de la sociedad en que vivimos deberían ser parte de la educación pública. Entender esos temas son de suma importancia para el funcionamiento adecuado de cualquier sociedad.

Democracia es un término compuesto de la palabra dêmos, que en griego se traduce como pueblo y krátos, que en la misma lengua significa poder. No se sabe dónde nace el concepto pero por lo general se cree que originó en Grecia en una era que antecede el nacimiento de Cristo por más o menos por cinco siglos. Sería un error pensar en esa democracia en términos modernos. Los que tomaban decisiones no eran hombres comunes, elemento importante en las democracias de nuestros días. Sólo tenían derecho al voto los hombres; estos no podían ser esclavos y tenían que ser propietarios de tierras; las mujeres no tenían derecho a participar en procesos políticos. Aún así, es ahí donde se cree nace el ideal de un sistema de gobierno que muchos proclaman como la mejor manera de los pueblos "autogobernarse".

Con la idea de la democracia llega por primera vez la pregunta en la historia del ser humano de ¿a quién debe servir un gobierno? y ¿quién debe tomar las decisiones en nombre de la totalidad de los ciudadanos en una nación? La idea de pueblos, en las democracias modernas, encargados de sus propios destinos y de sus propias decisiones es concepto que nos atrae porque nadie actúa en prejuicio propio. Muchos promueven la idea de que vivimos en democracia e invocan la palabra por entender que produce imágenes de justicia y dignidad en las mentes de los que la oyen.

Hoy, la palabra se usa de manera amplia y casi todas las sociedades se autoproclaman democráticas. De ahí la importancia de investigaciones que propicie mejor entendimiento de lo que significa el concepto. Por ahora vale subrayar que ninguna sociedad ha alcanzado establecer democracia auténtica. El mito de las democracias no es más que el resultado de propaganda de gobiernos. Muchos se confunden por el simple hecho de gobiernos que se autoproclaman democráticos. Sienten en sus entrañas que los ideales democráticos no tienen afinidad con la manera que viven, pero sus gobernantes insisten que si los son.

Ahora presento lo que nos dice el *Larousse básico* es una democracia, "Gobierno en que el pueblo ejerce la soberanía, eligiendo a sus dirigentes" (p. 161). ¿Qué significa esto? ¿Hay alguien que utilizando esa definición pueda separar las sociedades democráticas de las que no lo son? Rafael Correa fue electo en comicios democráticos, sin embargo, muchos dicen que el Ecuador es socialista en estos momentos. La definición en realidad no nos propicia entendimiento de lo que es una democracia. Para facilitar entendimiento debemos desglosar la palabra en sus elementos principales esperanzados en que, si entendemos los elementos, podemos alcanzar a entender el ideal.

Sabemos que uno de los elementos de un sistema democrático es que el pueblo elige los gobernantes en "igualdad" de voto, dicho también por el diccionario, y a través de comicios transparentes, al menos en teoría. Otro es que el ciudadano común participa en las decisiones que afectan sus vidas. También es necesario que las instituciones gubernamentales protejan los derechos humanos de la totalidad de sus ciudadanos, requisito de todas las constituciones democráticas. Finalmente, es esencial que los ciudadanos sean considerados iguales ante las leyes del sistema judicial. Eso, para mencionar algunos de los elementos de más importancia de una democracia.

Casi todas las sociedades modernas eligen, o al menos los encargados de los comicios hacen creer a los pueblos que es el pueblo quien escoge a sus líderes a través del voto. Esto significa que casi todas las sociedades hoy practican al menos uno de los elementos básicos consistente con la práctica de la democracia. Pero, ¿son limpios esos comicios? Todas las democracias insisten en que sí los son. Además, para "garantizar" los resultados se estila que los comicios sean velados por observadores internacionales quienes dan el visto bueno a los resultados. Todo parece hacerse como Dios manda.

He aquí lo que reporta Paul Harris en artículo escrito sobre las elecciones en Estados Unidos. Harris (2006) empieza por recordarnos lo sucedido en la Florida con Al Gore y George W. Bush. Primero nos refresca la memoria de las demandas legales y la decisión que fue tomada por la Corte Suprema del país, no por los votantes. Después nos habla de que algunos estados permiten el uso de licencia de conducir para registrase para votar y otros no; también que en algunos estados no pueden votar los que tienen antecedentes criminales pero en otros sí; en algunos estados necesitas identificación y en otros no. Finalmente nos dice que en una democracia el proceso electoral debe ser simple y uniforme y que en América no es así. Basado en lo que dice el Sr. Harris, el sistema electoral americano no es democrático. Sin embargo, la percepción persiste de que en nuestro país los comicios electorales son pulcros.

Aún y esté equivocado el Señor Harris, como podemos ver ni la más "avanzada" sociedad que se autodenomina ser democracia cumple con el más fundamental elemento (el voto) de una democracia. No está sólo Harris, abundan expertos de la misma opinión pero, ¿qué se puede decir de que el ciudadano común es parte de las decisiones que afecta su vida? Si usamos a los Estados Unidos como ejemplo por razones ya subrayadas, no cabe duda que la percepción es de que ese elemento también pasa la prueba. Sin embargo no está sustentado en la realidad que vive el pueblo americano.

Para poner ese elemento a prueba el autor condujo un experimento muy simple. Aunque no fue estructurado con el rigor que exige la ciencia, no deja de ser válido para sumar o restar validez a la percepción. El experimento consistió en preguntar a 80 personas si pensaban que todo lo que consume el pueblo americano, y que estamos en capacidad de producir, debe ser fabricado y producido en nuestro país. De esas 80 personas, entre ellas mujeres, negros, anglosajones y latinos sólo siete contestaron que no. Es interesante observar que los siete (aproximadamente el 12 %) que contestaron que no se debe producir todo en nuestro país son latinos y entre ellos sólo una mujer. Se puede concluir que si casi la totalidad del pueblo americano desea que su gobierno implemente normas que obligue al sector privado a regresar las industrias a nuestro país y este no lo hace, la percepción no es fundamentada en la realidad.

Tenemos entonces que a pesar que las percepciones persisten de que en la democracia americana los comicios electorales son transparentes, y que la voluntad del pueblo se cumple no encuentra sustento en la vida de esa sociedad. Tal como dicen expertos, los procesos electorales americanos son cuestionables. Los que han vivido en Estados Unidos por muchos años entienden que lo que digo sobre esos comicios es cierto. También es cierto lo que se escribe de que los legisladores americanos no prestan la menor atención a la voluntad del pueblo americano. De no ser así, no vivirían más de cien millones de americanos en precariedades sociales y económicas.

Consideremos también por ejemplo lo que nos dice Stephen Pinpare hablando de la pobreza en la democracia americana. La pobreza y la inequidad son preocupaciones para la mayoría de americanos (Pinpare, 2009). También nos dice que las métricas oficiales de la pobreza del pueblo americano no muestran esa realidad. De ser cierto que el gobierno americano atiende los reclamos de su pueblo esto no sucedería. Las democracias del planeta no son más que corporatocracias en manos de lobos disfrazados de ovejas.

Miremos ahora el tercer elemento. ¿Podemos identificar sociedades en las cuales las instituciones gubernamentales guarden los derechos humanos de la totalidad de sus cuidamos? La manera más simple de contestar esa pregunta es diciendo que no. Sin embargo miremos parte de un reporte adoptado por las Naciones Unidas que hace recomendaciones a Estados Unidos, sociedad que se mira como el estándar en asuntos de derechos humanos. Según Dakwar (2015) quien es director del programa de derechos humanos en la organización Unión Americana de Libertad Civil (ACLU), las Naciones Unidas adoptó un reporte con 348 recomendaciones que los Estados Unidos debe corregir.

Una de esas recomendaciones es por ejemplo, que el gobierno estadounidense   pare la detención de familias de inmigrantes y de niños. Otra, es que la administración de Obama ordene investigación independiente sobre alegatos de tortura presentados en un documento a un comité del Senado. Otra recomendación cuestiona el tema del uso excesivo de fuerza de los diferentes departamentos de policías en diferentes estados de la unión. También pide poner fin al perfilamiento racial contra minorías e inmigrantes.

El último elemento habla de igualdad de condición de los ciudadanos ante las leyes de una nación. El tercer y el cuarto elemento están estrechamente relacionados y podemos deducir que si no se observan los derechos humanos de todos los habitantes del país, no hay igualdad de condición ciudadana ante la ley. Las recomendaciones de Dakwar dejan evidenciado que las leyes no son aplicadas con igualdad en un ambiente de perfilamiento racial y abusos policiales contra grupos minoritarios de una sociedad, en este caso, Estados Unidos. Tenemos entonces que ni el tercer ni el cuarto elemento es observado en la sociedad americana que como ya he dicho es considerada la democracia más avanzada. Las "democracias" de nuestro hemisferio fueron creadas a semejanza de la democracia estadounidense. Podemos deducir entonces que si el pueblo americano no práctica democracia, tampoco los otros porque se presumen estar por debajo del estándar.

Hablaré de otros ejemplos que emplean muchos aspirando confundir los pueblos para dar a entender que toda esa reverencia que hacemos al referirnos a las democracias no es más que demagogia morbosa. Presenté esos componentes esenciales al ideal de la democracia sólo para que se entienda que cuando hablamos de sociedades democráticas en realidad de lo que se habla es de gobiernos que practican elementos democráticos pero no son democracias. Como podemos ver, ni siquiera lo que proclaman muchos como la más desarrollada de las democracias pasa pruebas de mínimo rigor. Lo que si podemos hallar son sociedades que observan, en teoría, algunos de los elementos identificados como parte integra y esencial de una democracia. Aunque como ya escribí, tanto expertos como ciudadanos comunes ponen en tela de juicio la práctica de esos elementos.

Miremos cual es la opinión de Holsner quien escribió al respecto. Aunque los funcionarios electos prometen cambios generosos de mejoramiento, alzas de sueldos y programas para terminar con la pobreza a través de redistribución de bienes, desde que se instalan en sus puestos encuentran oposición (Holsner, 2007). Los neoliberales presionan a esos oficiales para impedir cambios que afecten el sector privado en criterio del autor. Son tontos los que defienden las democracias en que vivimos incluyendo a nuestro propio país; los valores que les atribuyen no son más que propaganda.

Muchas personas defienden esas *democracias* por beneficiarse de la implementación de políticas injustas en dichas sociedades. Nos dicen que aunque son imperfectas no conocemos mejor sistema político. Yo digo lo contrario, es difícil imaginar sociedades peores que las democracias de las que hablan. ¿Sabía usted que entre esas democracias se encuentran países como Haití, Honduras, Colombia, República Dominicana,

El Salvador y Méjico? No me voy a molestar en explicar porque es paradójico igualar esas sociedades con ideales democráticos, resultaría un insulto a usted que ahora lee esto.

Debo ahora hacer un paréntesis. Entre las sociedades mencionadas arriba, de particular interés es el caso de El Salvador. Es aun prematuro hacer juicio sobre la administración de Sánchez Cerén pero nadie debe dudar que si se empeña en implementar programas sociales destinados a aliviar las necesidades del salvadoreño común, no pasará desapercibido. El sector empresarial, en alianza con el gobierno estadounidense, hará hasta lo imposible por desestabilizar el nuevo gobierno y crear las condiciones que permitan agredir el pueblo salvadoreño.

Se hace cuesta arriba presentar de manera simple, basándonos en las sociedades que conocemos como democracias, lo que significa vivir en el ideal. Para aclarar aún más el asunto debo decir que al referirme al tema podríamos estar hablando de una teoría o de la práctica de la democracia representativa. La teoría no va más allá y queda siendo ejercicio académico tal como es hablar de comunismo, cuya práctica no es posible porque la naturaleza humana lo impide. Lo que queda entonces es hablar de la democracia representativa. Aún así se hace necesario desmembrar la idea en sus componentes confiados en encontrar entendimiento en esos elementos. En lo adelante los términos democracia representativa y democracia se utilizarán de manera intercambiable pues ya sabemos que no hablo de la teoría sino de la práctica del ideal de democracia representativa.

La práctica de la democracia asume que funcionarios electos desempeñan labores a favor de los representados. Por eso decimos que en una democracia se hace la voluntad de los pueblos. Miremos entonces ese ideal con ojo analítico. De nuevo me voy a referir al pueblo americano por tener la reputación, merecida o no, de ser la sociedad de ideales democráticos más avanzados. Investigaciones de Bromell (2015) demuestran que un tercio del pueblo americano no gana suficiente para satisfacer sus necesidades básicas y que alrededor de 46 millones de estadounidenses vive bajo el nivel de pobreza. Un tercio de la población estadounidense en estos momentos es alrededor de 105 millones de personas. No se hace difícil argumentar que los representantes de ese segmento del pueblo Americano no están desempeñando un buen trabajo. Si lo hiciera, no viviría un tercio de estadounidenses sumido en la pobreza. Un análisis, aún y superficial, deja evidenciado que las democracias que conocemos no son más que aristocracias (poder en manos de la clase dominante).

Estudio hecho por David Berliner subraya lo que acabo de escribir. Reporta el autor que en Estados Unidos hay cantidad de personas desconectadas de su gobierno. Dice que los pobres, estimados en alrededor de 45 millones, reportan votar a razón inferior a un 50 por ciento. Ese segmento de la población, según el autor, cuenta con ingresos de menos de 30,000.00 dólares al año. Y que las familias con ingresos de 150,000.00 dólares o más anualmente votan a razón de un 80 por ciento. Berliner concluye que las familias de altos ingresos están legislando por las familias de bajos recursos a través de las urnas electorales.

Otro ideal de la democracia es que *todos* sus ciudadanos nacen en igualdad de condición. Es sabido por todos que el entorno socio-económico en el que nacemos es el determinante principal de las oportunidades que se nos presentan. Caemos en una trampa al pensar que con esfuerzo, podemos lograr alcanzar vidas dignas, eso también es falso. En ocasiones oímos usar el ejemplo de Barack Obama quien pese a ser negro logró alcanzar la presidencia de Estados Unidos. ¿Significa eso que todos los afro-americanos lograrían la presidencia de la nación si hacen lo mismo que hizo Obama para lograrlo?

Los que dicen eso, o no entienden lo que dicen, o lo dicen con el ánimo de confundir. Sólo hay una plaza para la presidencia de este, o de cualquier otro país, y únicamente si se dan las condiciones apropiadas se logra. Si no cree lo que digo pregúntese, ¿cree usted que los hijos suyos gozan de los mismos privilegios que los de un senador? ¿Que irán a las mismas escuelas? ¿O qué tendrán las mismas oportunidades? Sólo a un tonto se le ocurre decir esas bobadas. Repetimos como papagayos lo que dicen los medios de comunicación sin entender que es parte de una estrategia maliciosa de una minoría encargada de crear opiniones.

Los que promueven ideales democráticos, y los igualan a sociedades modernas lo hacen por malicia o por ignorancia. La realidad es que la práctica de la democracia verdadera necesita de un nivel de conciencia mucho más avanzado que el que hemos alcanzado hasta el momento. Una democracia sólo se desarrolla en el corazón de una sociedad avanzada, educada y de mucha conciencia política. La triste realidad es que los funcionarios gubernamentales implementan programas que entorpecen el alcance de esos valores. En una democracia auténtica el pueblo no mira a sus gobernantes como enemigos y entiende que esos funcionarios son una extensión del colectivo. La democracia auténtica elimina la necesidad de dividir los pueblos en obreros y funcionarios pues son trabajadores todos. Con diferentes funciones y disciplinas, pero trabajadores al fin.

Ningún pueblo en el que el 35% de la riqueza esté en manos del uno por ciento de sus habitantes como sucede en nuestro país vive en democracia; De acuerdo a Domhoff (2013) en el 2010 el 1% de la población americana era dueña de 35.4% de la riqueza total de la nación mientras que el 19% de la población tenía en sus manos el 53.5% de la riqueza. Según el investigador eso significa que el 89% de la riqueza de la nación está en manos del 20% de los ciudadanos dejando el 11% para el 80% de americanos. Las democracias no funcionan de esa manera. Una democracia no permite que decenas de millones de sus ciudadanos vivan sin acceso a un plan de salud. Ni permite, como lo reportó USDA en el 2005, que más de 35 millones de norte americanos se acuesten con hambre.

En una democracia todos los miembros de la sociedad son importantes. Piense en la democracia como una máquina. Cada miembro de la sociedad es una pieza de la máquina y una máquina, aún y trabaje cuando le faltan piezas, no es eficiente. Bromell (2015) opina que una democracia corre peligro cuando la aristocracia no reconoce que el hombre común tiene valores internos y por tanto merece respeto de los demás. Nos dice también que en una sociedad en la que muchos de sus ciudadanos viven sin dignidad no es una democracia real. Y que, muchos no entienden que nuestra democracia (hablando de Estados Unidos) depende de que nosotros reconozcamos el valor de todos los ciudadanos.

Además, Bromell (2015) nos dice que la dignidad es algo innato e inviolable, pero que también necesita afirmación de la sociedad. También, que como necesita ser reconocida por el entorno social, la dignidad es vulnerable y se puede perder si otros la niegan o no la reconocen. No es hace difícil aceptar lo que dice el autor, ciertamente es en la sociedad donde esos ideales se encuentran con una realidad de validación o rechazo. Se podría comparar con la autoridad por ejemplo. La autoridad es útil si es reconocida pero la semejanza de autoridad y dignidad ahí termina.

La autoridad difiere de la dignidad en el sentido que la dignidad es absoluta mientras que la autoridad es relativa. Piense por ejemplo en un sargento y un general. La autoridad del general es reconocida por el sargento pero el general no reconoce la del sargento. La dignidad no reconoce ni relación ni magnitud, es absoluta y únicamente funciona en ese ambiente de absolutismo. Un abogado no es más digno que su secretaria y esta no goza mayor grado de dignidad que las personas encargadas de limpiar la oficina donde trabajan ambos. Es por eso de suma importancia que se entienda el ideal de dignidad, la práctica de la democracia auténtica está sustentada en ese ideal. Desde el primero hasta el último de los ciudadanos en una democracia real goza del mismo grado de dignidad, aún cuando la autoridad de uno esté por encima de la de otro; de no ser así, podría ser mejor que la cochinada que conocemos como democracias, pero no habrá alcanzado la autenticidad, y sigue siendo atrasada.

Democracia es lo que sienten y piensan los ciudadanos, al menos una mayoría marcada, de su sistema político, económico y social. El libro *Working in the Shadows* muestra un diálogo entre el autor, Gabriel Thomson, quien para escribir el libro citado trabajó al lado de mejicanos cortando verduras. Un trabajador de nombre Candelario le dice que en Méjico los padres no tienen los recursos para mandar sus hijos a la escuela, por eso vienen a los Estados Unidos a trabajar el campo. Le dice también que cuando llegan aquí, un trabajador mejicano se gana unos 300 dólares a la semana y que para Thompson eso es muy poco, pero para un mejicano es mucho dinero. Le comenta también que nunca había ganado tanto dinero y que por eso los mejicanos no se quejan de nada. "Tú puedes quejarte y cambiar de trabajo, pero nosotros mantenemos la cabeza baja y seguimos trabajando" (p. 52). ¿Es eso democracia? Para el emigrante la democracia americana es pura falacia. Y tristemente para los norteamericanos también.

Millones y millones de americanos viven en condiciones similares. El caso de Thompson no es la norma. El autor trabajó cortando verduras con el propósito de investigar las condiciones laborales de nuestro sistema económico. Es triste oír esa pobre gente repetir una y otra vez de lo dichoso que se sienten de vivir en libertad y democracia. Eso no es más que propaganda corriente de un grupito que a diario nos acuerda que este es el mejor país del mundo. Ciertamente para ese grupito no hay duda que es la mejor sociedad pues son los beneficiarios de un sistema injusto que permite explotación cruel y deshumanizante. El capitalismo moderno ha llevado a las sociedades del planeta a dividirse y agruparse de manera cada vez más marcada. Kalouche (2010) hablando de una de esas clases, que aunque no la identifica todo lo que dice nos deja saber que habla de la clase obrera. Por ejemplo dice que esa clase normalmente no gana suficiente para cubrir sus necesidades básicas y tiene más deuda de la que puede pagar; que no tiene ingreso sobrante y que vive el día a día tratando de cubrir de manera mínima sus necesidades básicas con asistencia de programas gubernamentales o de otra índole. Es la más numerosa y afectada por la cultura del consumismo a través de anuncios de televisión que les acentúa el deseo de pertenecer a una clase más acomodad que la clase en la que se encuentra.

Es la clase que sueña con la lotería y en la cual la posibilidad de un milagro reside en el mundo de las drogas, la prostitución, el robo y hasta asesinatos (Kalouche, 2010). Dice el autor que esa clase, incluyente de profesionales, tiene poco tiempo para pensar y todo su tiempo lo pasa en actividades para conseguir las cosas que necesita para sobrevivir. También nos dice que en esa clase las necesidades son moldeadas por actividad productiva y pasa el tiempo que les sobra mirando televisión o consumiendo imágenes e ideologías. Sueñan con ser propietarios de negocios que los llevará a la fama de los *todo poderosos* que ven en las pantallas de sus televisiones. Los hijos de esta clase viven en ambiente tan cargado de juegos de videos, televisiones, videos musicales, y todo tipo de imágenes que su habilidad de retención y de enfoque sostenido disminuye, reporta el autor. Kalouche señala el incremento en diagnósticos de trastorno de déficit de atención (ADD) a causa de la transformación de la capacidad disminuida de enfocar de esos niños.

Ese es el resultado de sociedades "modernas" que atrapan los pueblos en la pobreza mientras una minoría consume y desperdicia valiosos recursos. Los capitalistas cuentan con toda una maquinaria de propaganda y "expertos" para justificar una conducta dañina y propia de esa clase. En artículo citado Colín Campbell nos explica que esa creencia de consumo hasta el desperdicio no es más que mal entendido. Campbell (2010) nos informa que investigadores encuentran que es imposible distinguir entre necesidades reales y las que no lo son. Parece ser que el autor y los investigadores a los que les hace referencia no conocen del psicólogo Abraham Maslow. Me gustaría saber la opinión del autor sobre la pregunta que le hicieron a John McCain en el 2008 mientras en campaña por la presidencia de los Estados Unidos. En ese entonces le preguntaron a McCain que de cuantas viviendas son propietarios él y su esposa. McCain no pudo contestar la pregunta pues no sabía precisar de cuantas viviendas eran dueños él y su mujer.

Lo que acabo de escribir subraya la importancia que tiene elevar el nivel de conciencia de la ciudadanía. La combinación de democracia y capitalismo desenfrenado que conocemos han creado sociedades donde las masas viven sin dignidad. Los últimos dos párrafos señalan la necesidad de confeccionar cambios que conlleven a democracias verídicas en las que la totalidad de los pueblos puedan ganarse el sustento de sus familias. Las normas sociales de las democracias morbosas han dejado los pueblos sumergidos en necesidades que tal como nos dice Kalouche, hasta el crimen contemplan muchos como el único milagro de alcanzar dignidad. Ese es el resultado de sociedades que miden el triunfo en términos económicos. Si de la única manera de alcanzar ser considerado ciudadano de importancia y digno es a través de riqueza, podemos esperar que muchos hagan lo que sea para alcanzarla. Y yo digo que las sociedades que lo permiten, de ninguna manera son democráticas.

Análisis aún sea superficial pone a la luz del día que las democracias del hemisferio no han superado el feudalismo más allá del estilo de explotación y el léxico. Hoy a los reyes les llamamos capitalistas. A los señores feudales les llamamos primer ministro o presidente o senador o diputado o por cualquier otro nombre, pero el desempeño de las funciones no ha cambiado en lo más mínimo. Tampoco ha cambiado la relación de los pueblos en función del sector privado con la excepción de que hoy no les llamamos siervos sino trabajadores. Si nos detenemos a pensar en todo eso, el feudalismo tampoco ha superado el esclavismo; tenemos entonces que las democracias de hoy no son diferentes a las sociedades esclavistas del pasado más allá del estilo de subyugación.

Pero regresemos ahora al ideal de que el pueblo americano vive en una sociedad democrática. En lo que a esto se refiere deberíamos preguntarnos si nuestro país es una democracia hoy, ¿en qué momento pasó a serlo? No debemos olvidar que aunque la historia pretende engañar, la emancipación de esclavos firmada por Abraham Lincoln en 1863, no es más que un mito. Las condiciones de los negros cambiaron, y aún en esto debemos hacernos de la vista gorda ante atrocidades cometidas contra los negros, en este país con la implementación forzosa de los derechos civiles; esto último no sucedido hasta después del 1960. Pero si nos hacemos de la vista gorda, debemos entender que la democracia americana no pudo haberse establecida hasta 1863 pues hasta ese momento era esclavista. Ninguna sociedad puede ser esclavista y democracia al mismo tiempo. A lo máximo, se podría decir que en Estados Unidos hasta el 1863 los blancos vivían en democracia; sin temor a equivocarme afirmo que los negros hasta ese momento no conocieron la tal democracia americana.

Entiendo que muchos se sentirán ofendidos por lo que voy a escribir ahora pero debe decirse. La Constitución americana fue creada por blancos europeos para proteger los intereses de ese grupo y excluyente de los negros y los denominados indios. La constitución americana ni siquiera reconoció inicialmente a los negros como hombres completos. Tardo casi cien años para cambiar esa situación. Pese a que los nativos nunca fueron contados como tres cuartos de hombre, cosa que si pasó con los esclavos, los nativos no corrieron mejor suerte. Eso es evidenciado por las condiciones deplorables en las que viven los llamados indios, que son realmente los dueños de estas tierras ocupadas por gran parte de Estados Unidos.

Ha costado mucha lucha mejorar las condiciones de las minorías en nuestro país. Lo cierto es que los norteamericanos blancos se han opuesto a esos cambios. En sociedades como la nuestra donde los cambios son consecuencia de luchas forzosas el resultado final no es democracia. A los que se le obliga a compartir el poder jamás actúan con intención sana hacia los que los obligaron. Cuando esto sucede no hay armonía en el seno de la sociedad, y la armonía es elemento esencial para la práctica de la democracia. El que quiera ejemplo sólo debe hacer análisis sobre la historia reciente de Sudáfrica después que se puso fin a la segregación racial en ese país del continente Africano. Las condiciones odiosas de los negros no ha mejorado.

Las mujeres de esta sociedad no corrieron mejor suerte que los negros o los "indios". Es interesante, al menos cuando hablamos de democracia que dice preocuparse por extender beneficios a la mayoría numérica, que la mujer es considerada minoría al mismo tiempo que numéricamente es mayor; sin embargo esa mayoría numérica no alcanzó derecho al voto hasta 1920. Tal como dije anteriormente, la historia está eslabonada de hechos y los hechos dejan al desnudo prácticas deshumanizantes contra toda persona en esta nación que no fuera hombre y de descendencia europea.

Cada episodio de luchas y enfrentamientos de la historia de nuestro país está compuesta por vencedores y vencidos; y como sucede siempre, quien presenta primero su versión de los acontecimientos es el vencedor, y así sucedió con los europeos. Pero no es menos cierto que al vencido también le llega la hora de tomar el escenario y presentar su interpretación de los hechos. Aunque los europeos han tratado de borrar y distorsionar esa historia, no son ellos los que dominan el escenario, se les acabó su tiempo. Ahora le toca al vencido. Si no está convencido de lo que digo piense en Cristóbal Colon que hasta hace poco era todo un héroe, más hoy es considerado por muchos pueblos, un depredador común.

A menos que se pueda demostrar que lo que he escrito

hasta ahora no es cierto, cosa imposible pues los hechos no mienten, le puedo afirmar categóricamente que usted no vive en una sociedad democrática. El pueblo americano sin embargo insiste en convencernos que si lo es. Esas nociones no son más que propaganda que promueven capitalistas que se benefician de ese jueguito. Resta decir, que las clases sociales no se aniquilan, así es que si usted se considera capitalista defienda sus intereses y el capitalismo depredador y cruel; de no ser así, entienda que debemos hacer lo que esté a nuestro alcance para terminar con esa práctica que promueve desigualdad, pobreza y desesperanza en el ser humano.

Hay otros que promueven la idea de que esta nación fue fundada como una república. Es conjetura lo que voy a decir, supongo que los que dicen eso lo hacen para evitar las contrariedades que presenta la idea de que esta sociedad es la primera democracia que se fundó. *El Pequeño Larousse Ilustrado* define república de la siguiente manera, "Forma de gobierno en la que existe la separación de poderes y el pueblo o una representación elige por votación sus gobernantes" (p. 880). Aquí nos encontramos con el mismo dilema, la mujer no tuvo derecho al voto el 1920. Tendríamos que decir entonces que la república americana no otorgó ciudadanía a la mujer hasta el 1920. Para que podamos considerarla república tendríamos que decir que ni las mujeres, ni los negros, ni los "indios" eran ciudadanos. Esto implica que la primera sociedad americana no era más avanzada que la democracia de Atenas quinientos años antes del nacimiento de Jesús.

Debo decir una y otra vez que hay un grupito que se beneficia de crear la percepción de que todo anda bien. Claro, a ellos se les sobra todo hasta el desperdicio mientras que el resto del país sufre necesidades. Cada día la brecha socio-económica entre ese grupito y el americano común crece más y más pero es importante que el pueblo crea en los ideales que ellos promueven. Nos venden la idea de que Bill Gates se merece su fortuna y ha trabajado mucho para alcanzarla. Si se trata de trabajo ¿cuántas horas tendrá que trabajar un obrero cualquiera para acumular una milésima parte de las pertenencias de Gates? Por supuesto el señor Gates se beneficia mucho de la percepción de que vivimos en una sociedad justa, aún cuando esto pasa. ¡Valla democracia la nuestra!...

En una sociedad como la nuestra el pueblo se pasa la vida trabajando y creando riqueza para los Bill Gates del mundo. De la única manera que se logra la fortuna que ha acumulado el señor Gates es a través de la explotación humana. Los que crean riqueza son los humanos y no hay manera de que ni Gates ni nadie logre acumular fortuna con su propio esfuerzo. Lo que sucede en nuestra sociedad no es propio de ninguna democracia. Bill Gates probablemente nunca ha producido un solo dólar de riqueza en toda su vida sin embargo es dueño de una inmensa fortuna. ¿Cómo lo logra? Este trabajo da respuesta simple, pero completa, de cómo se adueña una persona de tal fortuna.

Ese grupito de capitalistas tiene a su servicio todo lo que pueda necesitar para propagar la idea de que los países donde residen son democracias justas. Se les oye insinuar que debemos trabajar duro y un día seremos exitosos; o que debemos votar por este candidato o por aquel y todo saldrá bien. Diligentemente trabajamos mucho y votamos por este o por aquel y cada día los ricos son más ricos y los pobres son más pobres. Al final del día los candidatos, demócratas o republicanos, terminan legislando a favor de ese grupito. Lo mismo sucede en Inglaterra que en Honduras. Esa avaricia desenfrenada se ha asentado en las "democracias" gracias a que los funcionarios de gobiernos se han vendido al mejor postor.

La práctica de las democracias auténticas necesita un sistema político al servicio del colectivo. Se necesita que los hombres y las mujeres a cargo de las instituciones del gobierno legislen a favor del pueblo. En la situación actual el pueblo americano ni siquiera mira a esos legisladores como parte del pueblo pues están desconectados de la realidad del ciudadano común. Resulta tarea imposible señalar los años que han pasado esos burócratas predicando igualdad y cada día la desigualdad incrementa más y más.

Eddy Olivares

Una democracia real sólo sobrevive si cuenta con un modelo económico al servicio de su pueblo. Lo que conocemos es todo lo contrario, los pueblos al servicio de capitalistas, tal como decía Hugo Chávez. Se necesita un ministerio de trabajo que implemente medidas a favor del pueblo, aunque no en contra de los intereses de los capitalistas quienes son, en democracias auténticas, también parte del pueblo. Voy a hablar ampliamente de economía en los capítulos de capitalismo y neoliberalismo; por ahora vasta decir que una democracia genuina regula con celo las actividades de su sistema económico. Nadie ha dicho eso con más elocuencia y elegancia que Rafael Correa, presidente de Ecuador quien anunció que, "El gran desafío de la sociedad de este siglo es la supremacía del ser humano sobre el capital."

Es triste saber que al pueblo americano le da miedo admitir lo que ya sabe pues lo siente, que no vivimos en democracia. Históricamente la totalidad de los blancos gozaban de privilegios que se les negaban al resto de norteamericanos. Eso cambió después de la implementación de derechos civiles extendidos a los negros empezando en la década de 1960; no es coincidencia que eso sucedió con la llegada del neoliberalismo. Aunque perduran privilegios de poca importancia que benefician a los norteamericanos blancos, el neoliberalismo les ha degradado el nivel de vida a ellos también. El hecho de que una minoría insignificante se afana en convencernos de que vivimos en una

70

sociedad justa y democrática no alivia el dolor de lo que sentimos; la diferencia es que hoy ese sufrimiento no es exclusivo de minorías. Es de una mayoría marcada del pueblo americano incluyendo a un alto porcentaje de blancos.

Como ya escribí, hoy día perduran algunos privilegios que nuestra sociedad extiende a los blancos negándolos a otros. Si quisiera darse cuenta, los que viven en grandes urbes como es el caso de los neoyorquinos solo tiene que ir al departamento más cercano de bomberos o de policía. Aún y cuando están localizados en barrios de minorías, casi siempre las jefaturas están en manos de blancos. Es importante hablarles a nuestros hijos sobre esas cosas, ellos internalizan esa conducta que coloca a blancos como dirigentes de las sociedades y a las minorías como seguidores. Sin embargo, esos particulares han perdido importancia como consecuencia del deterioro que ha sufrido nuestra economía. Ese deterioro ha reducido la calidad de vida de la gran mayoría de blancos. Aun así, esas prácticas no son democráticas.

Hay quienes piensan como yo, que la noción de que vivimos en democracia se corresponde con un pensamiento de un pueblo de bajo nivel de consciencia política. Rogers (2015) concluye que para mejorar las sociedades hay que romper con ese modelo anticuado que permite prácticas injustas. También, que para establecer democracias justas es imprescindible declarar el interés nacional y establecer negociaciones con otros pueblos de tratados justos y no lo que conocemos hoy como tratados de libre comercio (TLC). Llega al punto de declarar que para lograr objetivos de bien público global, los Estados Unidos debe desmantelar su imperio de guerra militar y su postura de estado permanente de guerra.

Difiero en la estrategia propuesta por el autor citado en el párrafo anterior, no sólo porque parece depender de una barita mágica que de alguna manera logrará que los gobernantes, que son en efecto los capitalistas, inicien prácticas beneficiosas para el colectivo. De la manera que lo propone me temo que jamás se alcanzara el objetivo. Cualquier esfuerzo a lograr mejorar las condiciones de los pueblos necesita ser iniciado, y contar con el apoyo de esos pueblos.

Aunque admito que el señor Rogers tiene razón pues ningún pueblo puede llamarse democrático si está fundamentado en ideología guerrera como es el caso de Estados Unidos. Imagínese que parte del sistema de transportación pública (carreteras) de nuestro país fue construido para acomodar aterrizaje de aviones de guerra en caso de que fuera necesario. Mientras que la cúpula de las "democracias" desarrolladas esté en manos de una clase social de sentimiento morboso y afanada por el lucro y el poder, no gozaran de prácticas realmente democráticas.

Entiendo que es necesario elevar el nivel de consciencia de los capitalistas por pensar que la gran mayoría actúa de acuerdo a un mandato de la élite del capitalismo que son quienes diseñan la estrategia. Se debe contar con la gran mayoría de capitalistas inescrupulosos que en mi parecer no está consciente de un todo de su participación en el sistema que promueve. Pudiera ser, y creo que así será, que muchos que se piensan hoy capitalistas harán fila con el pueblo. A fin de cuentas, aunque se miran como capitalistas, al hacer análisis a las condiciones en que viven entenderán que no tienen nada que perder.

Muchos se darán cuenta que se han convertido en esclavos del sistema capitalista y que muchas de las preocupaciones de los no tan pobres se encarnan en ellos también. Pienso que la mayoría de capitalistas de clase media y baja no está consciente de la clase a la que pertenece. Esos pequeños comerciantes están convencidos de que hacen gran favor a los pocos trabajadores que contratan, en muchos casos lo mismo piensa el trabajador. Eso se explica diciendo que ni el primero, ni el segundo está consciente de la clase a la que pertenece y los intereses a defender.

Lo dicho no significa que Rogers, en mi criterio, no tenga mucho que aportar al diálogo de la democracia. Rogers (2015) escribe que las relaciones del pasado de trabajadores e industrias han sido reemplazadas, y que las funciones de las corporaciones no están basadas y centradas en economías nacionales. En la actualidad, nos dice, esas compañías operan abastecidas de mano de obra global compuesta por billones de trabajadores que cobran sueldos diminutos en comparación con aquellos de naciones ricas. Nos deja saber que los culpables de esa situación no son los pueblos y que los políticos han fracasado en mejorar la situación actual en las sociedades. Soy de criterio más bien que no es que no han sido certeros en sus propósitos sino que desde el principio ese fue el propósito. Rogers también nos dice que todos los políticos de importancia mantienen la misma postura de que no tienen control de los recursos globales y que el intento de regularlo conlleva a consecuencias que empeora la situación de esos pueblos. Los políticos insisten en que debemos acostumbrarnos pues ellos no pueden hacer nada, escribe el autor.

Eso no significa que Rogers ignora quienes son los responsables; nos deja saber enfáticamente que el sector privado es causante de muchas de las precariedades que viven los pobres. Además nos dice lo que todos sabemos que una élite egoísta, sin principios patrióticos y los gobernantes que lo apoyan se opondrá a cambios verdaderos para mejorar las sociedades democráticas. En otra parte del mismo artículo citado nos dice que los adelantos tecnológicos sirven muy buen propósito a fines de implementar cambios a las sociedades. Cita, como un indicador de eso los millones de trabajadores que a diario forman parte de equipos que trabajan sobre distancias resolviendo problemas. Alude el autor cuando nos dice eso a que las destrezas necesarias para elaborar e implementar cambios que permitan colaboración a larga distancia ya está en manos de los pueblos.

La idea de que vivimos ideales que no se corresponden con democracias no es invento ni es nuevo. El reverendo Martin Luther King Jr., especialmente en sus últimos años dijo que nuestra sociedad le hace burla a la democracia. El señor King estaba en lo cierto. Los negros, quienes dicho sea de paso han estado en este país desde su fundación, aún hoy no gozan de la denominada democracia americana. Son ciudadanos de segunda clase. King sabía que en esta sociedad no existía entonces la posibilidad de una buena educación o dignidad de vida para los negros. Tristemente ese sueño sólo existe para una minoría que goza de privilegios negados al pueblo americano. King sabía que las promesas de la democracia estadounidense no son más que palabras vacías e insignificantes.

Estamos en buena compañía cuando alegamos que no vivimos en democracia. De inmediato cito lo que dice Chris Hedges en su libro *Death of the Liberal Class* "Continuamos glorificando a los fundadores (Founding Fathers). Pero la américa que celebramos es una ilusión. No existe" (p. 27). Aunque eso no es totalmente verídico porque esa sociedad que glorifican los capitalistas existe para el grupito de depredadores que explotan el pueblo y le roban su sacrificio.

Debemos entender que la sociedad casi perfecta de la que hablan muchos es una realidad para muy pocos privilegiados. No cabe duda que América sea el mejor país para ellos. El sistema de libre comercio, o lo que es lo mismo, neoliberal, que aclaman los capitalistas como la envidia del mundo existe tan sólo para ellos. Es cruel y deshumanizante para el resto de los pueblos. Las mujeres, que de ninguna manera debería catalogarse como minoría, los negros, los latinos y ya hoy hasta una abrumante parte de los blancos no conoce las promesas de la democracia americana de justicia y dignidad. Esas promesas son pura falacia.

Hay muchos que aprender sobre la democracia. Hay países que están tratando de corregir problemas del pasado. Argentina, por ejemplo, es el primer país que fijó una cuota (bajo mando de ley) para asegurar que la mujer participe en el sistema político argentino. Hay otros países que tienen leyes similares y obligan a las instituciones políticas de esos países a ceder al menos 30% de participación política a la mujer; ni piense que nuestro país es una de esas sociedades. Es triste pero Estados Unidos nunca participa de iniciativas dirigidas a lograr igualdad entre sus ciudadanos, aunque siempre somos los primeros en señalar que somos la sociedad más "democrática" del planeta. Sólo ignorantes y maliciosos se atreven a propagar esas pasiones.

No es extraño oír a los que se han puesto al servicio de los capitalistas decir que exclusivamente el pueblo americano puede decidir si vive o no en democracia, al mismo tiempo que invierten cuantiosas fortunas para confundir a los ciudadanos. Esos hombres y esas mujeres tratarán de desmeritar todas las medidas democráticas dirigidas a corregir los problemas que enfrentamos. De la única manera que corregimos injusticias es a la fuerza. Tal es el caso con la medida de *affirmative action* que obliga las industrias a emplear ciudadanos que no sean anglosajones. Hablamos de adelantos y todavía en pleno siglo 21 a las mujeres se les paga menos que a los hombres por desempeñar las mismas funciones. Si usted desea decir que eso es democrático, dígalo; por mi parte yo mantengo que es tiránico.

Otros dirán que si no estoy conforme en este país porque no me voy de aquí. Tristemente, con todas las indignaciones que se sufren en esta sociedad, los países de origen nuestros están peor. La clase capitalista lleva más de quinientos años saqueando las sociedades de origen de pueblos de emigrantes, término que al usarlo hoy excluye a los de descendencias europeas. Parte del botín termina en manos de capitalistas nacionales que hacen alianzas con países avanzados y saquean esas sociedades a través de "contratos" comerciales.

Eddy Olivares

La misma idea que presento en el capítulo que define un gobierno reina en esos disque contratos. Digo disque porque los contratos se efectúan entre iguales y a favor de todos los participantes. Esto no sucede con dichos acuerdos comerciales. Esos contratos permiten escamoteo y distribución de riquezas naturales y de producción social, entre capitalistas nacionales y del exterior. Una mínima parte se queda en manos de la clase dominante de las sociedades menos desarrolladas y el resto fluye hacia los centros capitalistas de sociedades más avanzadas. De esa manera terminan los recursos de esos pueblos extranjeros en manos de capitalistas mayormente americanos y europeos. En eso llevan cientos de años ya.

Esos contratos no deben, ni pueden ser parte de democracias auténticas. Piense en lo que constituía la esclavitud del pasado en nuestra sociedad. En términos económicos los dueños de esclavos se aseguraban de que mantuvieran salud (al menos en los años útiles del esclavo) para poder explotar al máximo las ganancias que derivaba del trabajo de esclavos el dueño de los mismos. De no ser así el esclavo enferma y se convierte en una carga para su dueño y no produce ni lo que consume. Debo admitir que el esclavo al que le hago referencia aquí no tenía derecho ni a sus hijos y el dueño del esclavo podía vender los hijos de su esclavo cosa que no se concibe bajo ningún concepto hoy día.

Dejando eso a un lado, hoy pasa igual aunque no le referimos como esclavo y lo llamamos trabajador. Un "trabajador" que no se le pague ni para mantener salud esta de alguna manera en peor condición que el esclavo del pasado. Ciertamente tiene libertad de dejar de trabajar pero, ¿de qué le vale si al momento de dejar de trabajar muere de hambre u otras necesidades? Billones de personas se encuentran en situaciones similares a las detalladas en este trabajo. Lo único que ha cambiado es el estilo en que desfalcan y oprimen los pueblos los capitalistas. Hoy se desplazan por el planeta sembrando calamidades en todo el mundo. Las condiciones de vida de la clase trabajadora no son diferentes a las de los esclavos del pasado en las democracias actuales.

Hoy utilizan mecanismos que en la superficie parecen ser más sutiles pero en la práctica son tan despiadados y vulgares como los del pasado. Los pueblos viven en democracias con supuestas libertades en situaciones que ni son democráticas ni son libres. Gozan la libertad de elegir entre mandatarios que los somete a la miseria y otros, de diferente partido político, que lo somete a las mismas condiciones. Tenemos el derecho de reclamo pero ¿de qué sirve si los reclamos no son escuchados? O mejor dicho, son ignorados.

Si las sociedades no toman en consideración las cosas que digo sobre la democracia el ideal no es más que ilusión. No puede existir democracia real sin los derechos que la sustentan con el disfrute real de los mismos. Al nacer toda criatura debe disfrutar de todos los beneficios disponibles para un crecimiento y desarrollo integral y sano de una persona. De nuevo miremos los derechos fundamentales para tal desarrollo: el de la vida, sin el que los demás no tienen sentido; el del trabajo bien renumerado y que posibilite la existencia digna. El derecho a la educación que se relaciona con la propia convivencia social; el de la salud, incluyendo alimentación, sin la cual no es posible disfrutar salud y el de vivienda digna. Todos los demás derechos dependen del disfrute de los anteriores y a partir de los cuales no es posible la convivencia y armonía entre todos y todas en todas las sociedades sin tomar en consideración en que parte del planeta estén situadas.

Este trabajo plantea cambios que conduzcan los pueblos a conquistar los derechos antes mencionados. El autor propone una democracia representativa que vele por el bienestar de todos sus ciudadanos. Por eso debe ser participativa e incluyente; no puede subsistir sin incluir todos los sectores socio-económicos de las sociedades que lo adopten o entraría en retroceso. No cabe duda que los sectores más pudientes se resistirán pero si los procesos son auténticos la voluntad de los pueblos será impuesta por los representantes en esas sociedades. Cabe recordar en este momento que los representantes del colectivo son los hombres y las mujeres que, sean electos o nombrados, se colocan en sus funciones para implementar programas que reflejen el interés del pueblo y no el de un sector exclusivo. De nuevo, los capitalistas harán lo que este a su alcance para impedirlo al entender que el establecimiento de soberanía auténtica arrasará con esa clase parasitaria causante del caos y la miseria que reinan hoy en todas las sociedades.

Hay otros "demócratas" por ahí que abogan por gobiernos que funcionen como si fueran negocios. La implicación es que los negocios son eficientes en su propósito. Los negocios son creados con el propósito de incrementar las riquezas de sus dueños y ciertamente muchos son eficaces en ese propósito. Aquí lo importante a subrayar es que los propietarios de esas empresas son siempre una minoría marcada. La propuesta es descabellada para compararla con un gobierno. Las democracias se establecen justamente para beneficiar las mayorías y no una minoría de inversionistas, que es el propósito de un negocio.

Porque las democracias del hemisferio se manejan como negocios es que las cosas andan mal. Si los negocios se crearan para alcanzar el bien común todos viviríamos bien. Los gobernantes manejan los recursos de los pueblos para beneficiarse ellos mismos y al sector privado. Porque esos funcionarios actúan como si el gobierno fuera un negocio para favorecerse ellos mismos y a los capitalistas que les pagan cuantiosas sumas de dinero para comprar leyes que les beneficie es que usted y yo vivimos en pobreza. Si los gobiernos actuaran a favor de las mayorías no murieran 20 millones de niños todos los años de hambre y enfermedades prevenibles, como indican reportes de las Naciones Unidas. Así es que oiga señor "demócrata", deje de decir idioteces que las democracias no funcionan como las empresas.

En casi todas las democracias de nuestro hemisferio los gobernantes, incluyendo el poder judicial, el ejecutivo y el legislativo, entienden que son empleados por los capitalistas para que le manejen sus asuntos económicos. También saben que deben crear apariencias de gobernar a favor del pueblo pues los capitalistas saben que de no ser así los pueblos se revelan. Lo que acabo de escribir no es ni nuevo ni mío, lo dijo Carlos Marx hace más de cien años ya.

Debido al escaso desarrollo económico, y el bajo nivel de institucionalidad dentro de las democracias "modernas" los proponentes de soberanía auténtica se verán en necesidad de proponer cambios que creen condiciones que permitan la instalación de democracias reales. Lo bueno es que hay precedentes que marcan el camino a seguir; dicho esto, debo subrayar que cada sociedad ha alcanzado diferente nivel de desarrollo económico y cultural en comparación con otras. Las medidas aplicadas deben ir en acorde con ese nivel de desarrollo, sin embargo, hay elementos básicos a seguir por todas. Los casos de Bolivia y Ecuador nos enseñan que uno de esos elementos es la necesidad de nacionalizar y arrebatarle el control de importantes industrias al sector privado. La crisis de Venezuela se debe al poco control que tiene la administración de Maduro en los sectores de importación y exportación. Las sociedades que no estén dispuestas a adueñarse de los recursos de esos pueblos a través de la nacionalización de industrias importantes no desarrollarán raíces profundas que permitan el establecimiento de democracias reales.

Ninguna democracia, si es real, sobrevive si el pueblo no es dueño de los recursos de esa sociedad. La producción de riqueza de esas industrias debe ser usada para el bien social satisfaciendo necesidades sociales básicas, en principio, y luego expandiendo, y abarcando otros ámbitos de derechos fundamentales de todos los ciudadanos. Esas medidas socialistas son parte del desarrollo, y de cambios naturales producidos por el transcurrir del tiempo hacia el próximo modo de producción, que según Marx, es el socialismo. De no darse esa situación entraríamos en retroceso hacia el pasado, cosa que no es posible pues esa ruta conduce a un modelo económico ya superado. Dicho en otras palabras, los cambios conducirían al feudalismo.

Al momento que una sociedad entre en desarrollo de

procesos varadamente democráticos deberá de estar alerta. Inicialmente no podrá excluir inversiones extranjeras ya que eso podría causar bloqueos económicos como suelen hacer potencias capitalistas desarrolladas para frustrar el desarrollo. Esos bloqueos son asfixiantes para los pueblos y tienen el propósito de agudizar las necesidades de esas sociedades. Son concebidos con la intención de crear condiciones para que los pueblos se rebelen contra las nuevas instituciones, o lo que sería lo mismo en este caso, la democracia auténtica, que aún se encuentra en su infancia. Y como debe entenderse, al principio esas democracias no han profundizado raíces que les permitan mantenerse firmes.

Ahí reside la importancia de unidad de los pueblos oprimidos sin importancia de donde se encuentren geográficamente, que se propongan avanzar por el camino de la emancipación e independencia económica. A nadie debe caber duda que esas sociedades serán atacadas por las metrópolis imperiales para desestabilizarlas, y causar revueltas a las administraciones de sociedades en ruta hacia democracia verdadera. Piense a ver si eso no fue lo que sucedió en Grecia. La estrategia ya la conocemos, pero debemos estar alertas, el sector empresarial está dispuesto a llegar hasta la acción militar si fuese necesario para prolongar los abusos y las injusticias. Como ejemplo de lo que acabo de escribir, le ofrezco la intervención militar en Iraq.

Los gobiernos de democracias auténticas son aquellos que permiten el capitalismo, respetando las reglas del sistema capitalista, sin renunciar a las conquistas y ampliando cada vez más los derechos de la población hasta tanto se den las condiciones concretas para establecer sociedades de derechos reales; estas deben ser establecidas, como ya he dicho, de acuerdo a las condiciones de cada sociedad. Es cierto que la tecnología ha permitido a los capitalistas agudizar la opresión de los pueblos pero no es menos cierto que también ha facilitado la comunicación entre los pueblos, y eso a su vez ha proporcionado mayor posibilidad de resistencia.

Las soberanías de las que hablo no hacen más que establecer el camino negado por el capitalismo despiadado que se ha implantado en casi la totalidad de las sociedades del planeta. Se trata de una democracia cada vez más amplia conforme al desarrollo de la producción y la riqueza para la distribución de la misma. Deben ir ampliando los beneficios y derechos que se corresponden con procesos realmente democráticos y no en forma de ilusión como ocurre en medio del capitalismo deshumanizante. La base fundamental de las democracias de hoy tiene por base y objetivo fundamental garantizarle ganancias exclusivamente a los dueños de capitales invertidos. Ese principio va contra los derechos de los seres humanos que tienen que trabajar y producir riqueza para los centros capitalistas desarrollados, en vez de su propio bienestar y el de su familia.

La democracia auténtica da inicio a las conquistas y ampliación de derechos humanos colocando las personas por encima de todo. Se desarrolla apoyada en principios de gobiernos justos que sometan el sistema económico y los orienten a servir la familia, que es la base fundamental de una sociedad. Es todo lo contrario a lo que hacen las democracias modernas que ponen al hombre al servicio de la economía, dicho con palabras diferentes, al servicio de los capitalistas.

Es necesario repetir que las clases dominantes se opondrán a las propuestas que presenta este trabajo. Mientras más rica la sociedad más aguda será la oposición. Las sociedades más ricas cuentan con mayor número ricos. Eso significa que más amplia tendrá que ser la distribución para alcanzar todos los sectores de dicha sociedad. Como debe entenderse, eso contradice la intención y los intereses de los capitalistas; esa oposición debe anticiparse y tomarse en consideración en la concepción de estrategias para la institución de democracias auténticas.

Donde hay explotación siempre habrá resistencia. Pueblos empoderados con más elevado nivel de conciencia producirán cambios que se traducirán en mayor grado de justicia. El estrecho margen de desarrollo de las relaciones de producción, donde unos pocos se han adueñado de la tierra y de la riqueza de los pueblos da surgimiento a nuevos actores revolucionarios. Los explotadores extienden miseria casi absoluta a la mayoría que son justamente los que crean la riqueza. Eso se traduce en contradicciones entre las relaciones de producción y las fuerzas productivas sociales rezagadas por atraso, y crea las contradicciones que dan lugar al rompimiento del orden establecido.

Esos reclamos se manifiestan en rebeliones contra la explotación; a través del desarrollo de la producción y de mayor nivel de conciencia se logran los cambios que se hacen necesarios cuando entran en contradicción las relaciones de producción y el escaso desarrollo. La posesión en pocas manos de los beneficios de las fuerzas productivas conlleva a confrontación entre pobres y ricos al momento que los primeros exigen mejores condiciones para satisfacer sus necesidades. Eso crea espacio para que surjan nuevas formas de gobiernos. El desenlace de esas luchas produce cambios que se manifiestan en democracias cada vez más incluyentes.

Como ya escribí, hasta estos momentos no se ha conocido ni la primera sociedad realmente democrática. Las decisiones importantes en las "democracias" que vivimos están en manos de una clase que se ha adueñado de todo y que no sobrevive sino a base de mentiras y engaños. Una clase que sólo se sostiene de la usurpación del sacrificio de la clase trabajadora. Esa clase no sirve para nada y no contribuye a las sociedades más allá de descontento, atraso, miseria, enfermedades y muertes. Pero no es sólo los capitalistas tradicionales a los que hago referencia cuando hablo de esa clase enemiga de justicia social. En ese grupo también están los funcionarios de "gobiernos" que son quienes legitiman esa conducta criminal de fraude a través de leyes que emanan y hacen cumplir a través del sistema judicial y penal del Estado.

El mal que causa esta clase no termina con la muerte del jefe de la familia. Esa conducta la hereda a sus hijos e hijas a quienes también hay que mantener con el esfuerzo de los productores. Los herederos dan continuación a un consumo desmedido sin contribuir en absoluto a la producción social. Piense por ejemplo en los príncipes de Inglaterra William y Harry. Ni ellos ni sus padres han contribuido a su sustento. Tampoco han contribuido a su sustento los progenitores de los padres ni los padres de ellos. Ese asunto se remonta a cientos de años en el pasado. Mientras más lejos viajas hacia el pasado en busca del inicio de la fortuna que disfrutan generaciones de los descendientes de los que dieron origen a todo eso, más te acercas a una conducta criminal de esa familia. Y así pasa con todas; los Morgan, dueños de Chase no son diferentes. Mientras tanto los "príncipes" de esas familias se desplazan por el planeta en aviones privados y desmantelando todo lo que se le pone de frente. Y como ya debe estar claro, cuando nos acercamos a los que producen la riqueza que derrochan esos príncipes, nos damos cuenta que los conocemos, pues son nuestros hijos.

El avance de la tecnología ha permitido que llegue información de todo lo que pasa en el mundo a todas las sociedades modernas. El alcance de esa información no es limitado a una élite privilegiada. El internet ha facilitado escenario que permite a todos los pueblos contar su propia historia; ha cambiado la dinámica, en la edad moderna vencedores y vencidos presentan sus versiones de los acontecimientos al mismo tiempo. Eso no significa que los capitalistas no tratan de distorsionar los hechos, lo hacen a diario. Sin embargo, cada vez más los pueblos se comparan con otras sociedades y manifiestan sus descontento. Rogers (2015) dice que sociedades alrededor del mundo, mundo sobre el cual los Estados Unidos tiene mucho menos control ahora que en el pasado, hay descontento. Billones de personas rechazan los efectos del capitalismo depredador y se acogerían a propuestas que ofrezcan alternativas de cambios auténticos, en criterio del autor.

Debo concluir este capítulo haciendo análisis de la película *El Dictador*, con el actor Sacha Baron Cohen. En una escena ofrece un discurso sobre la democracia y dice que es el peor sistema de gobierno. Les dice a los presentes que se imaginen si América fuera una dictadura. *Si América fuera una dictadura podría el uno por ciento de la población adueñarse de toda la riqueza del país.* El gobierno *podría ayudar a sus amigos ricos hacerse más ricos disminuyéndoles los impuestos.* Podría *ignorar las necesidades de salud y educación de los pobres.* Si *Estados Unidos fuera dictadura podrían construir cárceles y llenarlas de negros, y nadie dijera nada,* claro está, ¡si fuéramos dictadura!

Como podrá imaginar, todo lo que dice Cohen lo hacemos. Entonces, ¿dónde residen las diferencias entre democracias y dictaduras?

Capítulo 3: Capitalismo

Debo dar inicio a este capítulo haciendo análisis de las diferentes epatas de desarrollo de producción en la historia de nuestra especie. Las ideas presentadas sobre este particular son propuestas de Carlos Marx, quien nos habla de cinco etapas que él identifica fundamentadas en las investigaciones que hizo de esa historia. Cada etapa deja huellas que identifica la misma y que moldea la sociedad con ideales y conceptos propios de esa época. Desde la superación de la primera, que fue el comunismo primitivo, la historia de la humanidad ha sido una constante lucha de clases. Desde entonces hasta ahora hemos tenido por un lado a una clase explotadora, que es siempre minoría, y por el otro a una oprimida que siempre está compuesta por una abrumante mayoría. Por último debo decir que encontramos sociedades que no pasaron ese proceso. Esas excepciones más tarde fueron alcanzadas por esa minoría explotadora que les cambió el curso natural de los acontecimientos históricos.

Ahora paso a presentar breve análisis sobre las diferentes

etapas de desarrollo mencionadas arriba. Es de importancia hacer esto por ser el modo de producción de la vida material de cada época, y la estructura social que le corresponde, la base sobre la que descansa la historia política y cultural de la misma. De ahí se desprende el conjunto de ideas, concepciones e instituciones políticas, jurídicas, sociales y religiosas que caracterizan esa época.

Para entender las sociedades debe hacerse análisis independientemente de las luchas que causan los intereses en juego en las sociedades bajo análisis. La historia es una ciencia y no admite deshonestidad, aunque como ya he señalado hay quienes pretenden borrarla o distorsionarla. Paso ahora a presentar algunos particulares de cada una de esas épocas con el fin de ofrecer idea clara del desarrollo de la lucha de clases que culmina con el sistema capitalista de nuestros días.

La primera etapa corresponde al *comunismo primitivo,* caracterizado por un bajo nivel de desarrollo de las fuerzas productivas. En el comunismo primitivo los seres humanos estaban organizados en grupos y se dedicaban mayormente a la caza, la pesca y a la recolección. La sociedad primitiva estaba formada de manera natural y su producción destinada a satisfacer de manera igualitaria las necesidades reales de todos sus integrantes, independientemente de sus diferencias, lo que explica la inexistencia de clases sociales. En ese momento de nuestra historia la tierra pertenece a todos ya que no existe la propiedad privada. La actividad productiva humana estaba fundamentada en la cooperación simple; la producción y acumulación del esfuerzo del grupo proporcionaban la subsistencia, que era la base de la economía. No había excedente de producción y por lo tanto, tampoco la necesidad de enfrentamientos en la comunidad primitiva para arrebatarse riqueza entre uno y otro.

La sociedad primitiva fue superando poco a poco la etapa de desarrollo natural hasta que alcanzó un nivel de producción efectiva, y conforme a ello la acumulación de productos que llevan al intercambio. La producción de un excedente sobre el consumo da paso al segundo modo de producción al cual le llamó Marx *esclavismo*.

No tarda la malicia en presentarse al momento que surge la posibilidad de la explotación humana, y nace la propiedad privada sobre los medios de producción. El esclavismo se convierte en la primera forma de explotación del hombre por el hombre. En la sociedad esclavista el esclavo es un activo de producción y se utiliza para la producción de otros productos. Por mucho tiempo los esclavos fueron la principal fuerza productiva de algunas sociedades hasta que se crean condiciones para una sociedad con un modo de producción diferente. Este tipo de esclavismo se conoce como esclavismo clásico y no debe confundirse con el esclavismo implantado por los europeos mucho más tarde, y que para diferenciarlo del clásico, le llamaré moderno.

El esclavismo clásico no era tan brutal como el moderno. Tampoco está justificado por diferencias de color de piel u otros elementos culturales o fisiológicos. El esclavista clásico no era dueño del esclavo y le exigía servicio hasta tanto saldara deuda contraída con el esclavista. El moderno introduce la esclavitud fundamentada en el concepto la raza, cosa que ya expliqué al principio de este trabajo. Los esclavos modernos eran propiedad de los europeos y no eran esclavizados por haber contraído deuda con ellos. Se convertían en esclavos después de haber sido atrapados por cazadores y traído a nuestro hemisferio con el propósito de ser vendidos como mercancía común. Los esclavistas estaban en libertad de hacer con el esclavo y su familia lo que le pareciera. En la Habana, en Cuba, hay todavía una plataforma construida con el propósito de exhibir y subastar esclavos al mejor postor.

La superación del esclavismo conduce al *feudalismo*, que es el próximo modo de producción. Este se basa en relaciones de personas libres, más no en igualdad de condición, situación que aprovecha el señor feudal para explotar al siervo (trabajador agrícola). Es importante hacer resaltar que aunque el siervo no era dueño de tierras, las recibía en arriendo; el siervo era dueño de las herramientas para trabajar esa tierra, condición de la que no disfrutaba el esclavo. A cambio del arriendo el siervo trabajaba y cedía la mayor parte de la producción de las tierras al noble o señor feudal.

El desarrollo del feudalismo da paso al siguiente modo de producción que es el *capitalismo*, modo de producción de nuestros días. Se desarrolla en el seno del feudalismo. Por razonas que están fuera del ámbito de este trabajo los señores feudales se ven en necesidad de contratar mano de obra asalariada, base sobre la cual descansa el capitalismo. Por primera vez se introduce la idea de hombres libres que venden su esfuerzo a otros a cambio de un sueldo. Esto crea una clase de vendedores de esfuerzo y otra que compra ese esfuerzo en toda libertad, pero no en condición de igualdad; en otras palabras, llegan a un acuerdo laboral estas dos clases y se colocan los que venden esfuerzo de un lado y los que la compran en el otro. A esto le llamó Marx "pre-historia capitalista".

La última etapa pertenece al *socialismo*. A diferencia del capitalismo, que es un régimen estrictamente económico, el socialismo tiene un componente social. El socialismo es un sistema socio-económico en el cual los productos se reparten equitativamente en un ambiente de armonía y no de luchas. El sistema socialista pone fin a la propiedad privada de los medios de producción y las regresa al colectivo. En el socialismo desaparece la explotación del hombre por el hombre y aunque permite diferencias sociales, estas dejan de ser antagonistas.

Antes de profundizar sobre el tema de este capítulo quiero escribir brevemente sobre algunos particulares que debemos tener presente. Lo primero que debo subrayar es que el comunismo primitivo y el socialismo comparten algunos valores. Primero, deja de existir la propiedad privada. Segundo, no existe explotación de hombres en manos de otros hombres. El escaso nivel de desarrollo del comunismo primitivo no permitía esa explotación porque se vivía en condición de igualdad, condición que lo impide. En el socialismo sucede lo contrario, el fin de la explotación es a consecuencia del avanzado nivel de desarrollo que regresa la igualdad a los seres humanos, cosa que impide la explotación. Es necesario hacer ese aclarando porque nos deja saber que la igualdad de condición es precondición para poner fin a la explotación.

Sin embargo, nuestra especie no ha alcanzado un nivel de desarrollo que permita la implementación del socialismo. Para lograr ese alto nivel de consciencia el ser humano tiene que deshacerse de la envidia, la intolerancia, el celo, el egoísmo, la inmoralidad y todo sentimiento que cause enfrentamiento humano. La práctica sólo puede darse en el corazón de sociedades que sientan respeto por la moral, respeto a los demás, tolerancia, integridad y condición de dignidad absoluta de todos sus ciudadanos.

Todo lo contrario sucede con el capitalismo. Este fermenta la competencia, la rivalidad, la individualidad, la envidia, los celos, el egoísmo, la intolerancia y todos los valores que empujan al enfrentamiento. Está basado en falacias, algunas que ya he presentado, como es el caso de la belleza y el principio de raza. No tolera la igualdad de condición pues, ¿cómo se explota a un igual? No puede existir la igualdad ciudadana porque el capitalismo está fundamentado en la desigualdad social (Pimpare, 2009). Aún así, hay que entender que el escaso nivel de desarrollo alcanzado por nuestra especie no permite otra práctica en este momento de nuestra historia. Por lo tanto, la única opción viable en la actualidad es regular el capitalismo y ponerlo al servicio del hombre para elevar el estándar de vida de todos los pueblos.

También quiero aclarar la idea de que Estados Unidos es la primera sociedad capitalista. Como ya expliqué, la esclavitud perdura oficialmente en nuestro país hasta el año 1863. Nadie puede proclamar que el capitalismo pudo haber comenzado hasta entonces. Lo mismo que sucede con la democracia sucede con el capitalismo; ninguna sociedad puede ser esclavista y capitalista al mismo tiempo. El elemento fundamental del capitalismo es la compra de esfuerzo (labor) humano. Resulta que el esclavo era un activo del esclavista y no un trabajador asalariado. Ya para 1863 existían sociedades europeas que sí habían iniciado la práctica. Debe quedar claro que nuestra sociedad, ni se fundó con un sistema capitalista, ni fue la primera en ponerlo en práctica.

Ahora debo iniciar el tema del capitalismo. Según nos deja saber el diccionario *Larousse Básico* capitalismo es, "Régimen económico en el que los medios de producción pertenecen a los que han invertido capitales" (p. 90). Esta definición, pese a ser simple, capta la esencia del capitalismo, específicamente que los medios de producción están en manos de inversionistas, o lo que es lo mismo, en manos del sector privado. Es decir, no tiene relación con el colectivo, que en una democracia teóricamente es el gobierno. Es importante entender eso porque el capitalismo se ve como el sistema económico que complementa la democracia.

Es interesante notar que la interpretación del ideal varía dependiendo del cuerpo que interpreta el término. El diccionario *Cambridge Internacional*, por ejemplo, nos dice que el capitalismo es "un sistema económico político y social basado en la propiedad privada, negocios e industria, dirigido a producir el mayor beneficio posible a organizaciones e individuos" (p. 191). La versión de Estados Unidos, el mismo *Cambridge* nos dice que es "un sistema económico basado en la propiedad privada y negocios en manos del sector privada con la meta de rendir el mayor beneficio posible a los dueños de esos negocios y propiedades" (p. 120). Es importante entender la diferencia en esas definiciones; la de los Estados Unidos no incluye individuos, siendo esos individuos el pueblo. O sea, los Estados Unidos excluye al pueblo de los beneficios de su sistema económico. Nos encontramos entonces en una contradicción importante. Si en una democracia el pueblo es quien gobierna, este no puede ser excluido de los beneficios de su economía.

Presenté ese simple análisis de lo que dicen diferentes diccionarios en inglés y en español haciendo el mayor esfuerzo de presentarle idea clara de lo que es capitalismo. Aunque las definiciones de los diferentes diccionarios presentan algunas variantes, la esencia de lo que es capitalismo es la misma. Aún así, fundiendo todas las definiciones y tomando en consideración esas variantes no alcanzamos a entender la realidad del capitalismo en práctica hoy. Es por eso que valiéndome de lo que dicen diferentes diccionarios citados, y agregando lo que entiendo esencial para describir la realidad del sistema, presento una definición propia de lo que es capitalismo moderno diciendo que: *es un sistema económico basado en la propiedad privada que busca rendir el mayor beneficio a los dueños de capitales en el tiempo más breve posible y en un ambiente de mínimas restricciones sociales.* Esta definición es mucho más certera si tomamos en consideración los afanes del neoliberalismo, que es una filosofía socio-económica dentro del capitalismo, y tema al que dedico el próximo capítulo.

Como se puede ver la definición que ofrezco hace hincapié en cuatro elementos: uno, los dueños de la producción son los capitalistas; dos y tres, el afán del capitalismo es rendir el mayor beneficio en el tiempo más breve posible y cuatro, el ambiente más favorable para los capitalistas es uno de mínima regulaciones para los dueños de los medios de producción.

Los capitalistas buscan incrementar sus ganancias en el menor tiempo posible. Eso significa que los que venden su esfuerzo deben velar sus intereses ya que la manera más fácil para los dueños de producción incrementar su riqueza es disminuyendo la de los que la producen. Ahora bien, ¿cómo puede ese obrero defender sus intereses contra una corporación del sector privado? La respuesta más simple es, de ninguna manera, por eso se crean sindicatos. En una sociedad repleta de necesidades y con alta tasa de desempleo el trabajador que no se someta a las normas de la industria para la que trabaja es reemplazado de inmediato.

Recuerde que se dijo que una de las funciones de más importancia de cualquier gobierno es mediar conflictos y asegurar que no se cometan abusos contra la ciudadanía. El párrafo anterior también explica la repugnancia que sienten los capitalistas por los sindicatos, porque cambia la dinámica de las negociaciones entre obreros y empleadores. El sindicato reemplaza al trabajador individual por el conglomerado, acción que disminuye la posibilidad de abuso a que puede ser sometido el obrero individual.

Lo escrito arriba identifica la mayor deficiencia de las denominadas democracias. Esas democracias no funcionan simplemente porque las instituciones de esas sociedades no desempeñan las funciones para las que fueron, al menos en teoría, concebidas. Eso sucede en todos los países ya sea que estén situados en el hemisferio americano o en cualquier otro. Dicho de otra manera, en lo que se refiere a los trabajadores, las condiciones de precariedad y miseria que sufren se debe a que los gobiernos no regulan la conducta del sector privado. Este sólo párrafo que lee ahora contiene en resumen la causa principal de la pobreza y las desigualdades en todas las sociedades "modernas". El contrato social que rige la conducta de las instituciones y los habitantes está en manos de malhechores, pagados por la clase capitalista, para que le permita hacer lo que les da la gana con la riqueza producida por los trabajadores.

Lo que acaba de leer no son ideas propias del autor. Más de cien años han pasado desde la muerte de Carlos Marx en 1883, y cada vez más las sociedades modernas se asemejan a las que predijo él. Escribió por ejemplo que las industrias, persiguiendo incrementar sus beneficios llevarían a estas a emplear cada vez menos trabajadores y crearía sociedades llenas de desempleados y pobres. También predijo que la acumulación en

Eddy Olivares

pocas manos de una clase cada vez menor en un extremo resultaría en miseria y pobreza en el otro cada vez mayor. Y yo pregunto, ¿no es eso lo que sucede hoy? Casi todo lo que dice este trabajo lo han dicho otros con mucho más elegancia y propiedad que yo. El valor de este trabajo, si me permite apartarme de la modestia por un momento, es dar explicación de estrategias del capitalismo moderno que no dejan de ser tan degradantes como las descritas por Marx y otros.

Los seres humanos nacemos con los mismos derechos naturales, pero no todos los disfrutamos con igualdad. En todas las sociedades muchos ciudadanos incluso pierden la vida al no tener acceso a elementos básicos para la sobrevivencia; según estadísticas de las Naciones, cada año mueren 20 millones de niños (0-18 años) de hambre y de enfermedades prevenibles. Todo eso es resultado de la implementación del capitalismo en todo el planeta. La vida es el más elemental de todos los derechos y a partir de la negación del mismo, los demás no tienen ningún sentido.

¿Por qué entonces no goza todo ser humano del derecho a la vida y de los demás derechos garantizados si son parte de la existencia misma a partir del nacimiento? Porque una minoría empoderada se ha apropiado de los recursos naturales, y del esfuerzo que hace la mayoría para garantizarlos con su sudor. A pesar de eso, esa minoría utiliza hasta la violencia para negarlos.

De esa manera gozan de sus privilegios por encima de la satisfacción de sus necesidades, hasta el desperdicio. Los mecanismos a los que hice referencia en la introducción para justificar todo se levantan como muralla infranqueable permitiendo que caigan en la insensibilidad y la falta de solidaridad humana, condición indispensable para la unidad, la hermandad y la armonía social.

Los capitalistas juegan con las necesidades de los pueblos. El párrafo anterior alude a la necesidad que sienten los capitalistas de crean sociedades llenas de necesidades para tener a su disposición toda la mano de obra que puedan necesitar. Mientras más disponibilidad, con más facilidad se satisface la demanda, y a mejor precio. Ese arrebato de la riqueza que producen los trabajadores lo explican "expertos" con una frialdad espantosa. Nos dejan saber que ese fenómeno de trabajadores que no ganan ni para comer se corresponde con la ley de mercadeo de oferta y demanda. El sacrificio humano, nos dicen, se compra como se compran víveres en un mercado que mientras más abundan, más baratos son.

Lo que acabo de decir es la estrategia más sagaz y cruel del sistema capitalista. Es la táctica de la que se valen los inversionistas de capitales para robarle la riqueza que producen los trabajadores. Un obrero produce un valor mayor a lo que le paga la industria. Hasta ahí todo anda bien, así es como funciona el capitalismo. El problema es que los gobiernos han permitido, usando el *contrato* para justificar prácticas abusivas contra las masas, que los capitalistas le arrebaten al trabajador hasta lo que necesita para sobrevivir. No debemos olvidar que mientras menos se le paga al trabajador, que es quien produce la riqueza, mayor es la ganancia para los que invierten capitales en las industrias donde laboran esos trabajadores.

Así es. Los operarios de máquinas, los mecánicos que reparan esas máquinas, los que empacan los productos fabricados, los que las transportan, las oficinistas que se encargan de la burocracia, son en realidad los que producen esas riquezas. La única clase que produce riqueza es la clase productora y es la que mantiene a todas las otras clases. Entonces pregúntese, ¿no debería el que produce la riqueza ser el más beneficiado de ella? Sin el esfuerzo del trabajador no es posible crear riqueza. Los capitalistas que entienden a cabalidad ese concepto no permiten gobiernos progresistas que le busquen soluciones permanentes a los problemas de los pueblos. Es ahí la importancia de entender a fondo lo sucedido tanto en Bolivia como en Ecuador, que son los casos más sobresalientes.

¿Qué sucede al momento que los capitalistas se encuentran con sociedades donde las instituciones funcionan aún y sea a medias? Podemos someter la pregunta a análisis ya que justamente es lo que sucede en Estados Unidos. Y para contestar la pregunta, lo que sucede es que los capitalistas diseñan mecanismos que implementan a través de las instituciones gubernamentales que les permite saquear sociedades menos desarrolladas. De esa manera se desplazan por el planeta como en un momento dado en nuestra historia se desplazaban piratas en busca de presas fáciles de asaltar. Nuestro país es una de esas sociedades en las cuales las instituciones funcionan a medias. El sector privado de metrópolis capitalista vive en asecho de sociedades de poco desarrollo y con gobiernos corruptos para hacer alianzas entre malhechores de ambas sociedades.

Nada de lo que se ha escrito significa que el capitalismo debe ser reemplazado. De ser esa la propuesta la pregunta a contestar seria, ¿a reemplazarlo por qué si ya he dicho que las sociedades no están listas ni para la práctica de la democracia? También he dicho que la historia es como una cadena donde cada eslabón es un episodio o capitulo. Lo que se debe hacer es elevar el nivel de conciencia de los pueblos para que exijan que se implementen cambios y se regule el capitalismo desenfrenado. De esta manera los obreros cobran importancia y respeto a través de programas diseñados para lograr ese fin. Cada etapa de cambios hacia una sociedad mejor se convierte en eslabón de esa cadena cada vez más larga pues lo que mide es el paso del tiempo. No debe haber rompimiento brusco que rompa el alineamiento de los hechos de esa historia; eso conlleva a revoluciones, cosa que hoy no se contempla.

Es importante entender la necesidad de crear sociedades capaces de que los gobiernos pongan bozal al capitalismo. El capitalista es enemigo del pueblo; si el pueblo gobierna, como tratan de convencernos funcionarios de las democracias "modernas", están en deber de implementar regulaciones que proteja a los trabajadores de esa clase parasitaria y enemiga de la justicia social. Si hay algo ante lo cual los gobernantes tiemblan es un electorado consiente. Es por eso imprescindible crear conciencia en los pueblos para obligar los gobernantes que efectúen la voluntad de las mayorías.

Eso no se logra si no se cambia la manera de pensar de las poblaciones. Usted dirá que eso es imposible y yo diría que está equivocado. ¿Quién hubiera imaginado aún diez años atrás que un izquierdista como Alexis Tsipras podría ganar las elecciones en Grecia? ¿A quién se le hubiera ocurrido veinte años atrás que el ya fallecido Hugo Chávez desafiaría abiertamente el gobierno estadounidense de tal manera que otros se animarían a hacer lo mismo? Todo eso era impensable algunas décadas atrás sin embargo son la realidad hoy. Por último, los gobiernos de Bolivia y Ecuador han asentado precedentes efectivos de cómo deben actuar los gobiernos con voluntad de romper con el modelo capitalista tan dañino para los pueblos.

Debemos crear conciencia sobre el daño que hace el capitalismo depredador instituido en todo el planeta. No será fácil; debemos hacer reverencia a la efectividad con la que los capitalistas convencen las masas de que debe comprar cosas que no necesitan. Han llegado al punto que un altísimo porcentaje de la población iguala gastar el dinero que se gana con tanto sacrificio con la felicidad. Si quiere saber si es cierto esto pregúntele a un adolecente de lo que hiciera si pudiera hacer lo que quiera en un fin de semana completo. Muy probable que gran parte de ese fin de semana lo pase en un *mall* comprando artículos para satisfacer vanidades que prestan prestigio y aceptación, cosa que igualan con felicidad.

Digo adolecente pero en realidad ese afán alcanza a todas las etapas de crecimiento del ser humano. Un gran porcentaje de las mujeres sueñan con que su novio le proponga matrimonio ofreciendo diamantes, piedra de poco valor que le controlan el precio regulando su extracción de las minas. Hacen lo mismo con todos los artículos después que dejan de ser, como sucede con las ropas, una necesidad. Hubo un momento en la historia de nuestra especie en el que la ropa era necesidad para protegernos de la naturaleza, hoy esos artículos son símbolo de estatus, necesidad creada por los capitalistas. No que las ropas no sean necesarias pero de la misma manera que se protege del frio con un abrigo de mil dólares lo hace con uno de cincuenta. El de mil tiene el agregado valor de la vanidad, necesidad creada, no real.

Otro de los afanes del capitalismo es drenar los obreros de energías al punto que sus vidas revuelvan alrededor de producir para los capitalistas. He aquí lo que dice el autor de *Working in the Shadows* al escribir de las condiciones laborales que sufren los mejicanos que cruzan la frontera para trabajar en las hortalizas en California, *simplemente no me sobra energía para dedicarla a otros problemas; yo trabajo, yo como, yo duermo.* El autor trabajó cortando verduras con el propósito de investigar las condiciones laborales de los mejicanos que cruzan la frontera para trabajar y mantener sus familias.

Tal como lo explica Gabriel Thompson en obra citada, un obrero cansado no tiene energías para detenerse a pensar. Vive el día a día preocupado por su trabajo. No le alcanza el tiempo para analizar como puede superar la situación en la que se encuentra atrapado. Sabe que si descuida su empleo por un sólo momento será despedido y reemplazado de inmediato. Tampoco tiene los recursos para negociar mejores condiciones de trabajo. Como mencioné anteriormente, esa es la razón por la cual los capitalistas detestan los sindicatos y hacen lo que esté a su alcance para desmantelarlos. Esto último es cierto casi en todos lados pero mayormente en países donde las instituciones todavía tienen algún nivel de funcionalidad, como el nuestro.

Otro elemento que debemos analizar es la necesidad de los

capitalistas de dividir las sociedades y crear competencia en el colectivo. En la Republica Dominicana todos conocen la realidad que se vive con los haitianos que ingresan al país y están dispuestos a hacer trabajos que los dominicanos reúsan, por no pagar ni un mínimo establecido por ley. El gobierno del país podría dar solución al problema si hubiera voluntad pero la realidad es que los más beneficiados de esa situación son los dueños de las industrias, y ellos se oponen a que se solucione el problema. Ese afán lo que persigue es comprar mano de obra más barata con el fin de incrementar el beneficio a los dueños de capitales.

No son exclusivamente sociedades pobres que viven situaciones como esa. En nuestro país muchos se quejan de los "mejicanos" que según ellos reemplazan obreros en los Estados Unidos por un sueldo inferior. Esto no es coincidencia, es una estrategia de capitalistas inescrupulosos que juegan con las necesidades de los pueblos. Los mejicanos vienen de una sociedad más desorganizada y con más necesidades causadas por el desfalco de centros capitalistas y por los propios gobernantes de esas naciones. Se ven obligados a tomar empleos que los anglosajones rechazaban antes de que los negros cobraran mayor grado de igualdad en esta sociedad. Hoy, sin embargo, los anglosajones no se pueden dar el lujo de despreciar esos trabajos pues un número importante de ellos vive en la pobreza.

El último objetivo de los que favorecen el capitalismo, como lo presento en mi propia definición es un ambiente donde este pueda operar con mínima restricción. Únicamente los que se benefician de la explotación pueden argumentar a favor de un sistema económico que no sea regulado por el gobierno si entendemos que el gobierno es el colectivo. El no luchar contra esa práctica equivaldría a decir que el pueblo se afana por su propio prejuicio, propuesta irracional.

Si entendemos que ninguna sociedad puede dirigirse contando con la participación directa de cada ciudadano también entendemos el principio de la democracia representativa. Es el motivo por el cual elegimos representantes con el entendimiento de que los intereses del conglomerado va a ser representado por los funcionarios electos. ¿Por qué entonces nunca se benefician las mayorías? Todo esto debe ser muy simple, si en una democracia se hace la voluntad del pueblo, al menos una mayoría marcada en las democracias viviría en condiciones dignas, cosa que no sucede en ningún lado. Hasta en los Estados Unidos la mayoría de la gente vive en un ambiente desfavorable y cada día empeora la situación para el ciudadano común.

Para dar idea de como andan las cosas considere lo siguiente, Howell (2013) argumenta que desde alrededor de 1965 hasta finales de los setentas habían disturbios que causaron expansión de programas diseñados para redistribuir la riqueza nacional. Al mismo tiempo la economía estaba decayendo lo que causó que fuerzas conservadoras cambiaran el esfuerzo del gobierno para alcanzar justicia y equidad, cosa que cambió el escenario político nacional según Howell. Inicialmente se manifestó con la promoción de desregulación en los mercados de producción por parte de la administración de Jimmy Carter y culminó con regulaciones anti-laborales en la administración de Reagan, dice el autor. A mediados de los ochentas el mensaje era claro, la prioridad ahora es el sector privado, concluye Howell.

Por otro lado Kalouche (2010) nos dice que casi nadie presta atención al asunto de buscar soluciones a la concentración de riqueza global y a la posibilidad de redistribución económica. Y que, aún más notable es la falta de atención a las diferencias que causan estas desigualdades. Dice que las aspiraciones y necesidades perpetúan formas complejas de desigualdades fundamentadas en la manera de vivir, como si las desigualdades mismas están produciendo diferencias humanas. Por último, dice que esa separación global no nos permite ni imaginar ni actuar como un cuerpo colectivo que permita cambiar las condiciones que convierte a individuos soñando con "libertad" en esclavos. Y yo digo todo lo contrario, esa frustración y ese descontento global no es sostenible y en algún momento esa frustración acumulada se manifiesta en contradicciones. Los ataques terroristas que vemos a menudo de alguna manera explican lo que acabo de decir.

Otra realidad que debo presentar es la irracionalidad de la idea que muchos se han dejado convencer de que en esta sociedad el nivel de vida de los ciudadanos está directamente relacionado con el esfuerzo propio en función de trabajo y educación. Los medios de comunicación al servicio de los capitalistas venden el ideal de que en este país sólo hay que trabajar duro y eso basta para que usted mejore su situación económica y social. ¿Sera posible trabajar más de lo que trabaja un empleado de Wal-Mart? Sin embargo, nadie debe pensar que esos empleos le permitirá a esa gente que trabaja tanto vivir con dignidad.

Miremos por ejemplo lo que reportan investigadores sobre estudio conducido por ellos. En el 2009 cuando Obama se inauguró alrededor de 32 millones de estadounidenses recibía ayuda de un programa para ayuda alimenticia (SNAP) para satisfacer las necesidades básicas de alimentación (Libal et al., 2014). Las escaseces de familias de bajos recursos aumentaron y en el 2013 más de 47 millones, aproximadamente uno de cada seis norteamericano dependía de ese programa para alimentarse. ¿Cree usted que esto se corresponde con un sistema económico al servicio de su población? Es penoso que las sociedades no alcancen a entender que el capitalismo desenfrenado y deshumanizante en práctica en todo el mundo es la causa de los desafíos de esas sociedades.

Por un lado nos dicen Libal et al., (2014) que se han presentado propuestas al Senado estadounidense para reducir programas sociales que podrían disminuir fondos destinados a ayudar esas personas por hasta 8.5 billones de dólares. Por el otro nos dejan saber que un legislador en el 2013 propuso reducción del programa SNAP para familias necesitadas citando *Las Santas Escrituras*. El congresista republicano Stephen Fincher citó del Libro de Tesalonicenses el pasaje que dice que *el que no esté dispuesto a trabajar no tendrá de comer*. Si no fuese porque entiendo que el legislador utiliza las Escrituras con morbo me atrevería a llamarle ignorante. Fincher sabe que nuestra economía no está en capacidad de satisfacer las demandas de empleos, y que los empleos disponibles cada vez pagan menos. También sabe quiénes son los responsable de esa situación pues él es uno de ellos. Hasta que los pueblos no cobren conciencia y se levanten contra las injusticias que impone el capitalismo, la situación no cambiará.

Lo mismo sucede con la educación. Nos dicen que nuestros hijos deben estudiar y afanarse por una profesión que le garantice un mejor futuro. Eso tampoco se corresponde con la realidad de los pueblos, aunque debo reconocer que la educación es de importancia. Trabajar y estudiar son elementos necesarios para el desarrollo humano; son actividades que nos permiten mejorar el estándar de vida pero no en la medida que lo promueven. El sueldo de un maestro en Estados Unidos en muchas ocasiones no alcanza ni para comprar las cosas que necesita una familia para vivir con dignidad. Únicamente una sociedad con un sistema económico al servicio de su pueblo, y en capacidad de absorber los nuevos profesionales en plazas que les permita vivir bien debe reclamar lo que dicen esos demagogos.

He aquí lo que dicen los autores de una investigación para determinar la facilidad de encontrar trabajo para graduados universitarios. En los últimos veinte años el ambiente para los nuevos graduados ha empeorado (Abel, Deitz, Su, 2014). Los investigadores reportan que graduados universitarios se ven en necesidad de aceptar trabajos de sueldos bajos al no encontrar trabajo en sus respectivas profesiones. También nos dicen que muchos de esos profesionales terminan trabajando a medio tiempo. Los autores no entran en detalle pero podemos hacer conjetura y especular que esos trabajos a medio tiempo no ofrecen beneficios, incluyendo un programa de salud.

Los capitalistas han tratado de pasar desapercibidos como clase explotadora pero la realidad es que han causado miseria en todas las sociedades donde esa clase es dominante. No conoce límite en su afán de lucro y ha hecho mucho daño al medio ambiente. Ha pisoteado las constituciones; ha creado guerras en las que han muerto millones de seres humanos y todo en nombre del dominio de recursos. Han agudizado las necesidades de los habitantes al mismo tiempo que han aumentado sus ganancias de manera notable.

En escasas décadas en Estados Unidos el sistema económico ha sido transformado. El país de las posibilidades se ha convertido en el país de incertidumbres. Apenas unas décadas atrás esta nación contaba de una economía vibrante. Habían fábricas de zapatos, de camisas, de radios, de lapiceros, de abrigos, de gorras, de teléfonos, de muebles, de carros y abundaban los empleos. El dinamismo económico se sentía. Las personas trabajaban para una compañía y la expectativa era que mientras quisieran podían contar con su trabajo. No se vivía con la incertidumbre laboral que se vive hoy día. Todo cambió de la noche a la mañana gracias al modernismo. Ese modernismo económico (modelo neoliberal) ha dejado el obrero sin valor alguno. Cada día más nuestra sociedad se asemeja a esas del tercer mundo al mismo tiempo que algunas del tercer mundo mejoran las condiciones socio-económicas de sus ciudadanos.

El neoliberalismo, tema del próximo capítulo, obliga a todos los países que quieren negociar con centros capitalistas desarrollados a firmar "acuerdos" económicos. Todos hoy estamos familiarizados con el termino de Tratados de Libre Comercio (TLC). Los TLC son sumamente beneficiosos para los inversionistas, les permite operar en ambiente de mínimas restricciones y pagar sueldos que no le alcanza a un obrero de esas fábricas en muchas ocasiones ni para comer. Es por eso que mantengo la postura de que todos los gobiernos deberían eliminar esos contratos y sustituirlos por otros que sean más favorables para los pueblos. Esa es otra de las estrategias de Evo Morales en Bolivia y que ha funcionado muy bien para el pueblo boliviano.

Todas las sociedades deberían aspirar a establecer democracias auténticas complementadas por un sistema económico capitalista restringido. Lo importante es que se haga la voluntad del colectivo y obligar a que funcionarios encargados de las instituciones le pongan bozal a esa fiera que conocemos como capitalismo. El sector privado debe ser regulado e impedirle que devore todo lo que se le pare al frente en nombre de beneficio económico. Se llegó el momento de dar inicio a la práctica de un sistema capitalista que tome en consideración la totalidad de los ciudadanos, no exclusivamente a los que invierten capitales, como sugiere la definición americana de capitalismo.

Para de alguna manera subrayar la importancia que tiene implementar regulaciones miremos algunas restricciones importantes para las sociedades. No debe caber duda que de permitírseles a los capitalistas desmantelar todas esas normas, lo harían sin pensarlo. Un día laboral limitado a un horario, aunque países atrasados como los nuestros permiten violaciones sin sanciones a las industrias que no operan dentro del marco de la ley. Todos sabemos de las denominadas "sweat shops" que no son más que fabricas que operan fuera del marco de las leyes laborales y son esclavistas por naturaleza. Por otro lado también tenemos las leyes que prohíben la compra de mano de obra de menores. En este caso también se sabe que los capitalistas establecen sus fábricas en países con gobiernos que no prestan atención a ese problema.

Ahora debo regresar a la noción de libre comercio pues debemos estar claros en el significado de la frase. Es importante subrayar que el libre comercio es libre sólo para los inversionistas del sector privado. Para el obrero, que es quien produce la riqueza con su esfuerzo no tiene nada de libre. El concepto da libertad al capitalista a explotar al trabajador dejando a un lado donde se encuentre este; les da también la libertad de establecerse en cualquier parte del planeta con mínima dificultad; además, los capitalistas utilizan la libertad otorgada por instituciones gubernamentales a través de esos contratos para comprar normas regulatorias que favorecen al sector privado. En fin, da a los dueños de producción todas las facilidades para incrementar sus capitales al mismo tiempo que pisotea los derechos de los productores de riqueza.

Escribí brevemente sobre el esfuerzo propio y la educación y entiendo que es necesario tener voluntad de trabajo. También comprendo que la educación es importante pero es ingenuo pensar que más de cien millones de personas en Estados Unidos, como reporta Bromell (2015), viven en la pobreza por ser perezosos o por falta de educación. Los pueblos están en situaciones precarias porque el sector privado es en efecto el gobierno. Las decisiones importantes de las sociedades están en manos del sector industrial; ese es el motivo principal por el cual billones de personas se encuentran en situaciones económicas deplorables.

Ahora quiero subrayar algunos particulares sobre la educación pública. Lo primero que debo decir es que las leyes regulatorias de educación que obligan a las familias a enviar sus hijos a las escuelas públicas no aparecen hasta el 1852 en Estados Unidos. En Inglaterra y en Francia lo mismo sucede más o menos 30 años más tarde. No es coincidencia que la educación pública compulsoria aparece en medio del fervor de la revolución industrial. O sea, la educación pública aparece al momento que la industria necesita mano de obra masiva y con algunas destrezas importantes. Necesita de un sector laboral disciplinado, con la habilidad de leer manuales de maquinarias y equipo de trabajo.

Además, hasta ese momento de nuestra historia la producción dependía en gran medida de la naturaleza. El día laboral estaba marcado por la salida y la puesta del sol, no era rígido en un horario pues la naturaleza, por ejemplo la lluvia, lo impedía; todo eso cambia con la revolución industrial. Las escuelas requieren que los estudiantes se presenten de lunes a viernes a una hora marcada. Toman almuerzo y son despachados para regresar a casa a la misma hora todos los días. En fin, el sistema de educación pública se convierte en el mecanismo para entrenar futuros trabajadores en factorías que funcionan, más o menos, de la misma manera que las escuelas.

Para continuar con el tema de la riqueza, hasta ahora he hablado de riqueza y la importancia que tiene para que las familias puedan comprar las cosas que necesitan para vivir pero, ¿qué es riqueza y como se produce? Según nos dice el *Larousse básico* riqueza es "Abundancia de bienes, prosperidad" (p. 512) también "Producto de la actividad económica de un país; sus recursos naturales" (p. 512). A cambio de lo que entendemos por riqueza trabajamos; muchos delinquen por conseguir riqueza de manera ilícita; a cambio de dinero, la representación más marcada de riqueza, hacen muchos cualquier cosa. Hemos integrado al léxico popular frases que enfatizan la importancia de tenerla, por ejemplo cuando decimos que, "por la plata baila el mono".

Bien, todos queremos riqueza y he dicho en repetidas ocasiones que exclusivamente la clase trabajadora la produce. Pero, ¿cómo se produce la riqueza? Y, si estamos todos en capacidad de hacerlo, ¿porque no la producimos nosotros mismos en vez de arrebatársela a otros? Pese a que son preguntas simples los capitalistas llegan hasta el extremo por oscurecer las respuestas. Nos dicen que esos asuntos sólo lo entienden economistas y expertos en la materia; las respuestas, cuando las dan, están cargadas de terminología y conceptos complejos. Eso lo hacen con malicia, es muy fácil dar respuestas a esas interrogantes.

Para contestar la primera pregunta, hay dos mareras de producir riqueza, una es directa y la otra indirecta. Miremos un ejemplo de la forma directa de producir riqueza. Digamos que usted es dueño de una finca en la cual usted produce café. También supongamos que para satisfacer todas las necesidades de su familia usted necesita la cantidad de dinero equivalente a la venta de mil libras de café en un año. Sin embargo usted produce dos mil libras del ese producto en un año. Claro, estoy simplificando pero en ese escenario usted se está enriqueciendo a razón de mil libras de café por año.

El excedente de café por encima de lo que usted necesita para sostenerse son su riqueza y usted podría cambiarla por otra representación de riqueza que es el dinero. Podría vender ese excedente y depositar el dinero de la venta en un banco. Lo importante es entender que de manera directa usted produjo riqueza y que esa riqueza le pertenece a usted que la produjo. Este ejemplo ilustra no sólo como se produce de forma directa sino también como se acumula riqueza. El ejemplo también enfatiza la importancia que tiene la propiedad privada, el trabajador que no es dueño de los medios de producción (tierra en este caso), si no vende su esfuerzo, ni produce riqueza ni sobrevive.

Ahora miremos como se produce riqueza de manera indirecta. Supongamos que usted es dueño de una fábrica de zapatos y que tiene un obrero al cual le paga un dólar por cada par de zapatos que fabrica. Para simplificar todo digamos que todos los materiales necesarios para producir ese par de zapatos le cuestan a usted un dólar también. Tenemos entonces que el costo de producción (el obrero) más el costo de la materia prima le cuesta dos dólares por cada par de zapatos fabricado. Por ultimo digamos que usted vende el par de zapatos por diez dólares. En ese ejemplo queda claro que cada par de zapatos producido genera ocho dólares de riqueza. ¿A quién pertenece la riqueza producida? La pregunta parece tonta, todos sabemos que es a usted que es el dueño del medio de producción, o lo que es lo mismo, la fábrica.

Acuérdese que el afán es acumular riqueza no producirla.

Me voy a valer de otro ejemplo para ilustrar cómo se acumula riqueza. Digamos que usted se gana en su trabajo $2,000.00 al mes y los gastos de su casa son de $2,500.00, usted entiende que se está empobreciendo a razón de $500.00 por mes. En ese caso usted no está acumulando riqueza sino pobreza. Si, por el contrario usted gana $2,000.00 al mes y su familia sólo consume $1,500.00, usted podría acumular riqueza a razón de $500.00 por mes. Este ejemplo simplifica muchas cosas pero sólo quiero demostrar de manera simple, no como se produce, sino como se acumula la riqueza. Si piensa en el primer ejemplo usted notará que usted es dueño de la riqueza que produjo cosa que no sucede en el segundo ejemplo. En el segundo, el trabajador produjo más riqueza de la que le pagaron en salario pero parte de la riqueza producida se quedó el dueño del medio de producción con ella.

Estos dos ejemplos pese a ser simples contienen todos los elementos necesarios para dar explicación de como realmente funciona el capitalismo. El ejemplo de la fábrica de zapatos da la impresión de que no hay nada de malo en lo que presenta el mismo. Se supone que el trabajador entró en acuerdo voluntario con el dueño y ninguno hizo nada impropio; de no haber querido el trabajador no hubiera aceptado. Sin embargo ese ejemplo no propicia entendimiento de la dinámica del sistema de producción.

Debo señalar la diferencia más importante en la producción

directa e indirecta, el *medio de producción propio*. Desde que el hombre superó el comunismo primitivo los medios de producción están en manos de un grupito diminuto conocido hoy día por el nombre de *sector privado*. ¿Cómo se mantienen esos obreros si no venden su esfuerzo por lo que ofrezca el sector privado? Aunque los obreros están conscientes de que están siendo explotados saben que en una sociedad repleta de mano de obra barata y disponible la posibilidad de negociar mejores condiciones no existen.

Ese asunto de la explotación de los pueblos no tiene nada de complicado. Los únicos que producen riqueza son los trabajadores. También sabemos que de la única manera de mejorar la condición de los pueblos es si los gobernantes obligan al sector privado que permita que los trabajadores, que producen esas riquezas, se queden con mayor parte ella. Esas fortunas cuantiosas en pocas manos es el producto del arrebato de la mayoría de la producción social que como ya sabemos es producto del esfuerzo de los trabajadores. Ahí tiene usted lector una explicación simple de lo que dicen economistas graduados de las mejores universidades es muy difícil de entender.

Ahora voy a dar respuesta a la segunda pregunta de por qué cada quien no produce su riqueza y acaba con la discordia de una vez por todas. Recordemos ahora el sentir de Rousseau en el contexto de sociedades modernas. La competencia por estatus y validada por la sociedad engendra cada vez más competencia, eso se convierte en círculo vicioso sin fin. Ahora también debemos recordar la segunda sociedad en el progreso de la historia que fue la esclavista, en la cual por primera vez se manifiesta la explotación del hombre por el hombre. Cuando funden esos dos elementos, la competencia y la habilidad de explotación, y se presenta la oportunidad de ponerla en práctica, se desatan sentimientos que dejan a un lado toda sensibilidad humana. El capitalismo es el resultado de cientos de años de refinamiento de estrategias maliciosas con el propósito de subyugar los pueblos. Eso se manifiesta en billones de hombres y mujeres sumergidos en una miseria espantosa.

Todas esas fortunas incalculables de los súper ricos pertenecen a los trabajadores que la producen, que como se ha escrito es robada por los capitalistas. Para alcanzar esas fortunas los dueños de los medios de producción someten a un número incalculable de seres humanos, incluyente de mujeres y niños. Si un dueño de una fábrica sólo tiene diez empleados, como es natural únicamente puede robarle el esfuerzo de esos diez cosa que se multiplica por diez al momento que tiene cien. La riqueza que puede producir un trabajador es muy limitada situación que cambia en la misma medida que se duplica el esfuerzo de producción.

Si cada familia estuviera a cargo de producir lo que necesita para mantenerse nadie debe dudar que habrían familias que producirían excedente que se convertiría en riqueza. Tampoco que ninguna familia, no importa a lo que se dedique, jamás acumulara grandes fortunas por no contar con la posibilidad de robarse el esfuerzo de otras familias que es la única manera de acumular fortunas cuantiosas. No hace falta mucha sabiduría para entender entonces que todas las fortunas, sin importar donde se encuentren, son el producto de malversaciones, o lo que es lo mismo, robadas al trabajador.

Muchos se preguntaran como se explica las fortunas de los famosos, por ejemplo Marc Anthony, que son producto de su talento. En la superficie parece ser justificada la fortuna del artista, sin embargo, un análisis más meticuloso ofrece mayor entendimiento. En sociedades realmente justas los talentos personales tienen más valor personal que económico. Personas como el señor Anthony gozarían de un nivel de prestigio de la misma manera que gozaría de prestigio un profesional. Sociedades justas reconocerían no sólo el talento y el desarrollo científico sino también valores como son la honradez y el honor. Aunque no entraré en detalles por estar el tema fuera del ámbito de este trabajo, puedo afirmar que en una sociedad verdaderamente desarrollada, el prestigio de un obrero estaría por encima del de un profesional.

Lo que se escribió no significa que personas con talento no

podrían gozar de riqueza en relación con el ciudadano común. Un sistema capitalista al servicio del hombre permitiría pagar para disfrutar de los talentos personales con el excedente (riqueza) de producción personal o familiar. El hombre común en cambio dependería de su esfuerzo personal para producir la riqueza que necesitaría para comprar esos privilegios. Mientras mayor esfuerzo, mayor recompensa. En tal sociedad ninguna familia acumularía fortunas como las que vemos hoy, cosa que deja claro la naturaleza de la *casi igualdad* de capacidad de esfuerzo de todo ser humano.

La importancia que tiene el ejemplo del Sr. Anthony no es que está en posesión de una fortuna que en realidad no le pertenece. De más importancia es el hecho de que el artista, y lo mismo se puede decir de todos los que están en posiciones similares, no es más que un agente en la nómina del sector privado. Personas como Anthony son engrandecidas por el capitalismo simplemente porque mantienen viva la competencia del consumismo. Parte de la estrategia es justamente identificar "modelos" a seguir para mantener el consumismo al máximo. Personas como él son acogidas por el sector empresarial para mantener los pueblos afanados en hacer cada vez mayor esfuerzo para alcanzar fortuna y vivir como viven los súper ricos, cosa que muy pocos alcanzaran. La gente imita todo lo que hacen esos súper famosos en la esperanza de crear apariencias, aún y sólo de manera transitoria, de ser famosos también. Los famosos desempeñan el papel de mantener vivo el espíritu de competencia.

Antes de abandonar este tema quiero dar explicación de como se produce riqueza a nivel nacional, los ejemplos presentados ilustran ese concepto de manera simple. Si la suma de trabajadores en una sociedad producen más de lo que consume la totalidad de la población, el país se está enriqueciendo. Si por el contrario el consumo es mayor que la producción entonces se empobrece. Los economistas miden el desempeño económico utilizando lo que conocemos como producto interno bruto (PIB). El excedente de la producción de un país se vende en el exterior, por no haber demanda ya de ese producto en la sociedad que la produjo, o los que lo necesitan no tienen con que pagarlos. Ese excedente representa la riqueza de esa nación ese año pues se mide anualmente. Es justamente ese excedente que justifica la impresión de más dinero para ponerlo a circular en el mercado.

Muchos se dan a la tarea de confundir los pueblos pero en realidad todo eso es muy simple. Hacen eso con la intención de convencer los pueblos de que ese asunto debe dejarse a expertos y funcionarios de gobiernos, y que no tiene nada que ver con usted. En verdad le digo, tiene todo que ver con usted y conmigo; y con su vecino y los familiares y amigos tanto suyo como los de su vecino. Nosotros somos el pueblo y cuando hablan esos expertos del PBI están hablando de la ropa que usted compra a sus hijos; de la comida que servimos a nuestras familias cada día; tiene que ver con los plátanos que siembran en el campo y con todo lo que consumimos y producimos para nuestras necesidades e intercambio. Así es que todo lo que discute este trabajo tiene que ver con usted y conmigo, esos asuntos están íntimamente relacionados con nosotros. Además, ni son difíciles de entender, ni deben dejarse a expertos por ser usted y yo los dueños de esos recursos de los que hablan ellos.

He dicho que las naciones ricas les roban la riqueza a los países pobres y debo dar explicación. Podría ser que la riqueza esté compuesta por recursos naturales como son los metales (oro, plata etc.) o bosques (madera de construcción) u cualquier otro tipo de recurso de extracción. También podríamos referirnos a la que llamamos riqueza social por ser esta producto del esfuerzo del hombre o la sociedad. Aunque son riqueza las dos, se explotan de manera diferente. La riqueza social requiere de un número monumental de hombres para producirla, lo que explica que causa todo tipo de calamidades a los trabajadores que la producen y son sometidos a condiciones deplorables. Pero, ¿cómo transfieren esa riqueza de producción social?

Para aclarar esto piense usted en lo que sucede con esos artículos que fabrican los dueños de producción en sociedades lejanas de las de ellos. Les pagan salarios ínfimos a trabajadores en el exterior. De la riqueza social que produce esa gente, en muchos casos no le alcanza ni para vivir pero ¿qué sucede con el producto terminado? Esos productos los llevan a mercados de naciones más desarrolladas para venderlos a precios exuberantes. De esa manera le arrebatan la riqueza que producen los pueblos pobres y las transfieren, esencialmente a Estados Unidos o a Europa, que como he dicho llevan más de quinientos años defalcando las sociedades del planeta.

Para dar idea de la magnitud de la transferencia imagínese que solo en Estados Unidos las ventas al por menor de prendas de vestir en el 2013 fue de más de 250 billones de dólares, según reportó la congresista Carolyn B. Malony (Joint Economic Committee, 2015). La cantidad de dinero que los capitalistas les arrebatan a trabajadores en sociedades de poco desarrollo es inmensa. La intensificación de contrata de mano de obra extranjera comenzó a finales de la década de 1980. Para 1994, solo fabricantes de ropas americanos, empleaban no menos de 400,000 trabajadores, mayormente en América Latina (Figueroa, 1996). Desde entonces, millones de plazas de trabajos han sido trasladadas fuera de nuestro territorio.

Sin embargo esa trasferencia de riqueza que atropella a esos trabajadores de países pobres crea la ilusión de dinamismo económico en sociedades de escaso desarrollo. Los capitalistas promueven ese "dinamismo" económico como avances para esas sociedades atrasadas. En realidad lo que están haciendo es esclavizando los trabajadores de sociedades menos desarrolladas e impidiendo el desarrollo económico nacional. Todo eso lo hacen a través de TLC que es el mecanismo que permite legitimar el proceso. Esos "tratados" que crean "dinamismo" son deshonestos y permiten, "dentro del marco de la ley", a centros capitalistas desarrollados arrebatarle la riqueza social de trabajadores en el exterior.

Miremos lo que tiene que decir William Robinson con referencia al dinamismo del que hablan los economistas. Reporta Robinson (2012) que en los años de los ochentas frecuentaba la ciudad de San Salvador, en El Salvador, y que cuando salía de la Universidad de Centro América salía a comer en una zona llena de restaurantes nacionales. Hoy, nos dice, la calle está repleta de letreros de Pizza Hut, Berger King, Panda Express, Pollo Campero y Kentucky Fried Chichen. Nos dice también que la globalización ha azotado a América Latina como tempestad. Y que, en la década entre el 1990 y el 2000 las transnacionales (corporaciones que operan en diversos países) han incrementado su participación económica en América Latina de 10 a un 60%.

También reporta el autor que la fachada nacional ha sido transformada. Han desplazado miles de comunidades en algunas partes de esos países para instalar complejos turistas y en otras para establecer fabricas que emplean cientos de miles de trabajadores de bajos sueldos que producen para el consumo global (Robinson, 2012). Finalmente nos deja saber que las grandes transnacionales han desplazado millones de agricultores, dueños de pequeñas granjas, para dedicar esas tierras a la producción de consumidores globales. En Méjico, según él, millones de hectáreas que antes se dedicaban a siembras de maíz, frijoles y otras cosechas para consumo local son sembradas de frutas y vegetales para el *supermercado global*. Y yo pregunto, ¿es eso progreso?

¿Por qué no toman los gobiernos el control de los artículos y servicios que consumen sus pueblos? Todas las sociedades deberían obligar al sector privado a producir los artículos que consumen esas sociedades en su propio suelo, claro está, en la medida que sea posible. Pero para contestar la pregunta, el sector industrial es en efecto el gobierno. Ahí reside la importancia de elevar el nivel de conciencia de los pueblos para que entiendan maniobras maliciosas diseñadas para mantener los pueblos en la ignorancia y en la indigencia.

Imagínese lo que significaría si los Estadounidenses produjeran todas cosas que consume ese pueblo; que sucediera con los zapatos, con los carros, las sombrillas, el arroz, los colchones, las prendas, las computadoras, los libros, los lápices, los muebles, en fin, con todo lo que se consume en esta nación. Lo que sucedería es muy simple, habría plazas de empleos para disminuir de manera marcada las necesidades de nuestro pueblo. Todos conocemos, si no por experiencia propia por referencia que eso se vio en nuestro país escasas décadas atrás.

No hay ningún motivo para que eso no se haga en todas las sociedades. Ahora yo pregunto, ¿sucedería lo mismo en todos los países que tomen medidas similares para regular el sector privado en esas sociedades? La respuesta es sí. Lo importante es garantizar que las instituciones gubernamentales estén alerta y se aseguren que el sector privado se someta a regulaciones beneficiosas para todos, incluyendo a los capitalistas.

No sería difícil hacer eso si existiera voluntad de parte de funcionarios que dicen actuar a su favor. Únicamente habría que implementar medidas que garanticen que productos fabricados en el exterior, al momento de entrar al país donde los venden cueste más de lo que costaría fabricarlos en ese país. De nuevo, es por eso que las regulaciones son de suma importancia para el manejo eficiente de la economía de un país. Eso no impediría que usted compre una camisa fabricada en Italia. Usted estaría en libertad hasta de ir a Italia directamente y comprarla donde le parezca después que llegue allí; sin embargo, debe entender que está pagando más de lo que pagaría por la misma pieza fabricada por mano de obra nacional.

Esas cosas no se logran porque las "democracias" establecidas por los capitalistas implementan programas que impiden el desarrollo de los pueblos. Para exigir los cambios necesarios y dar inicio a la tarea de establecer democracias auténticas es necesario que los pueblos cobren mayor nivel de conciencia política. El primer paso debe ser explicarle al pueblo de la importancia que tiene establecer gobiernos democráticos complementados por un sistema económico de capitalismo restringido por instituciones del Estado. Eso quiere decir que los pueblos le exijan al sector privado sueldos justos que les permita vidas dignas al trabajador y sus familias. Para esto se necesita un electorado que entienda que la verdadera autoridad reside en el seno del pueblo y que el pueblo debe exigir que la economía de la nación esté a su servicio.

Lo dicho no significa que los ricos van a dejar de ser ricos ni los pobres pobres; lo que significa es que los gobiernos que se propongan esa tarea implementaran medidas que obligue (nunca se hará por voluntad propia) al sector privado a pagar sueldos que les permitirá a los obreros vivir con dignidad. Significa que los ricos no serán tan ricos y los pobres dejaran de ser tan pobres, y que disminuirá cada vez más la brecha socio-económica entre esas clases. Eso se logra redistribuyendo la riqueza, concepto socialista que no deja de ser democrático a su vez. No hay forma de lograr democracia si no se invierte en programas sociales por ser esta la única manera de disminuir la desigualdad.

Ya hablé de la riqueza social que transfieren capitalistas de sociedades pobres a centros capitalistas desarrollados; ahora debo escribir sobre los recursos naturales. Aunque el efecto que tiene la extracción de esos recursos en el hombre es muchísimo menor que cuando se habla de riqueza social, el efecto que tiene en el medio ambiente es devastador. Es irracional la manera en que tratamos la naturaleza. Por el afán de esos recursos causamos calentamiento global, contaminación de las aguas, del aire, la destrucción de la capa de ozona y otros atropellos que están destruyendo el único planeta habitable por nuestra especie.

Muchas personas, incluyendo intelectuales, intentan negar la existencia de otras sociedades de explotación previas al capitalismo, como son la esclavista y la feudal que se sucedieron respectivamente después de la desaparición de la sociedad comunista primitiva. El objetivo de eso es, al menos en parte, evitar que la gente comprenda que todas las cosas sufren cambios como parte de un proceso natural, sin excepción a la regla, incluyendo el capitalismo. Esa negativa se hace por ignorancia o por evasiva pero el resultado final es el mismo. A veces son los mismos medios educativos mediocres, cuyo sistema trata de dejar a un lado la rueda de la historia que deja huellas imposibles de borrar. Sabemos que el capitalismo enterró el feudalismo y este al sistema esclavista. Ahora el enfermo de muerte es el capitalismo despiadado que será reemplazado por otro marcadamente más humano y aunque muchos tratan de esconderlo, ya está agonizando.

Hay sociedades que están haciendo esfuerzos auténticos para mejorar las condiciones de los pueblos pero los capitalistas hacen todo lo que está a su alcance para desacreditarlas. Son acusadas por saqueadores universales como los países de los peores males con el fin de propiciar las condiciones para agredirlas, derrocarlas y volver a seguir saqueándolas como lo han hecho por cientos de años ya. Las acusan de ser socialistas, concepto que presupone los peores males. Sin embargo, como ya debe estar claro, es la única manera de resolver todos los problemas que enfrentan todas las sociedades en cualquier parte del planeta. ¿Qué lo impide? El hecho de que en el 2016 el nivel de desarrollo de nuestra especie es aún primitivo.

Los que promueven capitalismo lo hacen con malicia, pero la malicia no basta. Necesitan de ciudadanos, justamente en sociedades avanzadas como es el caso de Estados Unidos, sumidos en la ignorancia y de escasa conciencia política. Los casos ya mencionados de Bolivia y Ecuador se afanan por un desarrollo democrático autentico. El accionar de esas sociedades lucha por el rescate de todos los valores y derechos de todos sus ciudadanos. El desempeño de esos gobiernos debe ser apoyado por billones de personas que se beneficiarán al momento que se contagien otras sociedades ampliando cada vez más la justicia social.

La falta de conciencia política lleva las sociedades a un ámbito de competencia irracional. Los norteamericanos deberíamos entender esto mejor que nadie. Fíjese en la competencia que se desata entre administraciones estatales (estados dentro de nuestro territorio) para sonsacar y atraer establecimientos industriales a sus respectivos estados. ¿Deben afanarse esos legisladores a sabiendas que perjudican a trabajadores de otros estados de la unión? Imagínese que empleadores de New York se trasladen a New Jersey en busca de mejores condiciones para sus industrias. En ese caso los empleos que se logran en New Jersey dejan la misma cantidad de desempleados en New York. La idea es absurda, lo que logra es transferir pobreza de un estado a otro. Nuestros legisladores deberían poner empeño en fabricantes de productos que se venden en nuestros mercados establezcan esas industrias en nuestro suelo y no en el extranjero. Pero el pueblo americano está arropado con un manto de ignorancia que no le permite ver su propia realidad.

Los pueblos deben exigir que sus gobernantes se apoderen de la producción nacional de cada país. Esto se debe lograr aplicando tarifas a productos fabricados en el exterior con destino a nuestros mercados. Es una propuesta simple pero eficaz. Al momento que a los capitalistas les cueste más fabricar en el exterior que dentro del territorio donde se encuentran los mercados a los que están destinados los productos, no tardaran en regresar las operaciones económicas a esas sociedades. Eso implica que hay que desmantelar todos esos acuerdos de libre comercio. Es muy simple todo esto pero las administraciones de las falsas democracias actuales, al igual que las del pasado, están al servicio del sector empresarial. Es conveniente recordar lo que dijo Carlos Marx hace más de cien años ya, que los gobiernos no son más que un bando de delincuentes que se reúnen con el propósito de administrar los negocios de los ricos.

Esa clase parasitaria y repugnante ha alcanzado hasta las más remotas sociedades. Ha sorprendido las más humildes aldeas en los rincones más distantes de las sociedades desarrolladas, y las ha atrapado en sus garras. Ha sido en consecuencia del afán de una minoría mundial cruel y despiadada, interrelacionada por lazos económicos, políticos, culturales y sociales, que concentra poder de fuerzas represivas para imponer su voluntad. Se desplazan por el planeta destruyendo todo lo que esté a su alcance incluyendo el medio ambiente. Esa minoría se apropia de los recursos naturales y la producción de bienes que les corresponde a quienes verdaderamente producen las riquezas sociales, y que sin embargo viven en la indignidad de la pobreza.

Si bien es cierto todo lo que he dicho hasta ahora sobre el capitalismo, no es menos cierto que los avances tecnológicos, especialmente en comunicación, han propiciado a los pueblos nuevas soluciones. Ese avanzado nivel de contacto nos permite unificación con sociedades remotas. Esos avances se han convertido en plataforma que permite coordinación con otros pueblos. En el pasado la política era local. No era posible coordinar, digamos un paro económico mundial si los pueblos se lo proponían pero eso ha cambiado. Hay quien piense, incluyendo el autor, que ha iniciado un movimiento hacia la izquierda que es indetenible. (Robinson, 2012) movimientos sociales masivos han ayudado a instalar gobiernos con tendencias izquierdistas en los últimos años que se han convertido en un reto al paradigma del capitalismo global. Y yo añado que habrá retroceso pues habrá resistencia, pero los avances abarcarán más terreno que las retrocesiones, disminuyendo poco a poco la injusticia.

A nadie debe sorprender las contradicciones y enfrentamientos que causa el capitalismo entre los hombres. Jean-Jacques Rousseau nos advirtió de las diferencias de apetencias de posiciones en estado natural en comparación con las de las sociedades modernas que mercadean con dinero. En la naturaleza el hombre se enfoca en necesidades para satisfacer hambre, seguridad y sexo y el amor es menos condicionado de pertenencias (Rathbone, 2015). El autor interpreta el sentimiento de Rousseau al decir que el afán de adquirir posesiones en el intento de auto-elevarnos produce amor condicionado por la sociedad. Y que, ese amor calculado y condicionado va acompañado del peligro de que en búsqueda de aprobación de otros causa discordias. Además conlleva a la envidia y la rivalidad de parte de los que no gozan esas pertenencias y dirigido a los que si la disfrutan. Nos dice también que la comparación y la aprobación de la sociedad por ciertos productos generan deseos de poseerlos y que en ese ambiente los productos están relacionados a otras personas y a la posibilidad de sobrepasar su adquisición en relación a otros. Finalmente nos dice que las posesiones se convierten de esa manera en el veneno que desestabiliza las sociedades y sus instituciones convirtiendo a amigos en enemigos.

Ahora es conveniente recordar lo que escribió Hobbes acerca del hombre en estado de naturaleza. Lo que nos presenta Rathbone acerca del pensamiento de Rousseau tiene mucho en común con lo que pensaba Hobbes sucedería entre hombres en estado de naturaleza. Aquí tenemos entonces que la sociedad civil convierte al hombre moderno, en opinión Rousseau, en un ser semejante al hombre primitivo, en criterio de Hobbes, en estado de naturaleza. En opinión de Rathbone (2015), el problema que produce la apetencia de posesiones es que la comparación nunca termina. Y yo concluyo este capítulo diciendo que el veneno al que hace referencia el autor terminará matando a quien lo administra, que es el capitalismo despiadado.

Capítulo 4: Neo-Liberalismo

Ningún análisis de gobierno moderno es completo si no incluye explicación amplia de la filosofía económica neoliberal. Por esa razón dedico este capítulo ofreciendo dicha explicación. Primero voy a citar la definición del diccionario para que sirva de trasfondo a todo lo que se va escribir sobre la filosofía neoliberal. El diccionario *Larousse Básico* dice que neoliberalismo es "Doctrina económica que pretende renovar el liberalismo mediante la intervención limitada del Estado en lo jurídico y en lo económico" (p. 391). Lo mismo que he dicho de otros conceptos ahora digo del neoliberalismo. Que se hace necesario desmembrar la idea en sus componentes principales para poder entenderlo.

Como se puede notar neo-liberalismo es una palabra compuesta de la palabra nuevo o nueva, y la palabra liberal o libre. Comencemos por neo, o nuevo. No hay nada de nuevo en la filosofía neoliberal. En el criterio de Chomsky (1999) el "santo patrón" (p. 19) del neoliberalismo es Adam Smith, con lo que

Chomsky alude a *Riqueza de las Naciones*, obra de Smith. La primera edición de la obra fue publicada en 1776 lo que significa que la idea moderna del neoliberalismo se remonta a más de doscientos años atrás. Lo único nuevo del neoliberalismo es que ha regresado el reloj de los obreros al tiempo de la esclavitud y lo ha hecho revestido de modernismo. En otras palabras, los capitalistas han cambiado el azote por leyes laborales.

Ahora miremos la parte de la palabra que tiene que ver con libertad. En política una persona liberal es aquella que mantiene una manera de pensar progresista. La libertad a la que hace referencia el neoliberalismo no debe confundirse con ese ideal político. En la práctica el neoliberalismo económico restringe la conducta de los pueblos que es todo lo contrario al significado político de liberal, que denota una persona que se afana por el cambio o el progreso. Por último, el neoliberalismo es un paradigma económico mientras que el liberalismo es un principio político.

Cuando unimos las dos palabras se forma el término *neoliberalismo*, y cobra un amplio significado. Se refiere a la filosofía económica más popular de nuestros días en todo el planeta. En pocas palabras se puede describir diciendo que es un componente del capitalismo y que uno de los elementos de la filosofía neoliberal es que está orientada a librar el sector privado de regulaciones del Estado. Eso significa que persigue incrementar la participación del sector privado en el ámbito político y social dando prioridad a ese sector al mismo tiempo que minimiza el poder del colectivo. También persigue penetración del sector privado de sociedades desarrolladas en otras menos desarrolladas con el fin de minimizar la autoridad de esos gobiernos transfiriendo esa autoridad a capitalistas de las naciones desarrolladas. Se puede resumir diciendo que persigue colocar el sector privado por encima de los gobiernos. Dicho en otras palabras, pretende usurpar la autoridad de los pueblos.

Nos dice Chomsky (1999), quien en mi criterio es la máxima autoridad en lo que refiere al tema, que la filosofía neoliberal es lo mismo que el *consenso de Washington*. El consenso es una formación de principios orientados por el mercadeo, diseñadas por los Estados Unidos y por instituciones financieras internacionales dominadas por Estados Unidos, en opinión de Chomsky. El consenso ha creado un electorado sínico que no cree en su propio gobierno si creemos lo que reportan los americanos. De acuerdo a cifras reportadas por Chomsky (1999) el 80% del público americano piensa que las gestiones del gobierno son orientadas a favor de una minoría y no a favor del pueblo. También que más del 80% piensa que el sistema económico es injusto y que el pueblo estadounidense no tiene voz en su gobierno. Más del 70% reporta que las industrias han cobrado demasiada importancia en muchos aspectos de las vidas de los americanos. Basta lo que dice este párrafo para fundamentar lo que digo en este trabajo del pueblo americano sobre sus creencias políticas. Que se perfila como el más sofisticado en su ideología política pero estas cifras demuestran lo contrario. La madurez política de nuestro pueblo es tan atrasada como las más atrasadas de las sociedades del planeta.

El neoliberalismo no es un sistema económico como creen algunos. Es solo una filosofía dentro del sistema capitalista. En otras palabras es únicamente un elemento del capitalismo; es de mucha importancia entenderlo ya que los que le hacen referencia, y se acogen al ideal, lo hacen resaltando una política que se corresponde con los afanes de los capitalistas. Debemos recordar que el capitalismo persigue mayores ganancias en el tiempo más breve posible, y sobre todo en un ambiente sin restricciones a los métodos de producción. Los neo-liberales, por ejemplo, abogan por los denominados tratados de libre comercio al igual que por medidas desregulatorias.

La filosofía neoliberal promueve la idea de que el sector privado se auto regule y miran al gobierno como un estorbo. Eso sucede porque en ocasiones los gobiernos se ven obligados a, aún y sea de manera superficial, a regular el sector privado bajo presión de los ciudadanos. Esas restricciones son vistas por el sector privado como obstáculos para aplicar las políticas neoliberales a lo largo y ancho de las sociedades. La filosofía no guarda apariencia sobre su pretensión de superar la autoridad del gobierno, o lo que es lo mismo, la autoridad de los pueblos. Sin embargo, debo resaltar que es un estorbo a conveniencia de los capitalistas. Eso fue evidenciado cuando la administración de Obama entrego billones de dólares a bancos estadounidenses para que no se fueran a la ruina.

Como he dicho en repetidas ocasiones el transcurrir del tiempo y el desarrollo tecnológico producen cambios. Las sociedades se ven en necesidad de acogerse a esos cambios. Para los pueblos, desde el punto de vista socio-económico, todos los cambios de las últimas décadas se encuentran aglutinados dentro del concepto que conocemos como neoliberalismo. Un análisis de esa filosofía sin entrar en detalle de lo que es neoliberalismo y sus consecuencias sería superficial. Por esa razón debemos continuar dando explicación de los efectos que ha tenido el neoliberalismo en todo el planeta.

El sector privado reinante en estos momentos en las democracias dirige la actividad económica de esas sociedades. Por mucho tiempo en Méjico un número importante de los sectores pobres del país presentaban quejas a su gobierno demandando mejores condiciones y a menudo el gobierno respondía de forma favorable. Eso ha cambiado desde que el neoliberalismo se ha adueñado de normas que rigen la vida de las sociedades que lo acogen. Holzner (2007) nos dice que en los

Eddy Olivares

años de los setentas entre el 17 y el 26 por ciento de mejicanos de bajos recursos se quejaba ante su gobierno exigiendo mejorías. Para el 1997 la frecuencia de esas peticiones descendió por debajo del 8 por ciento.

Según Holzner (2007) eso sugiere que los incentivos de esa actividad política han cambiado y ahora los ciudadanos de más afluencia peticionan al gobierno con mucho más frecuencia que los pobres. En terminología simple eso significa que el gobierno hace caso omiso a las quejas de los pobres y presta atención a las de los más pudientes. Como se dijo, el neoliberalismo pretende dejar al pueblo sin efecto en las decisiones importantes de una sociedad.

El autor citado arriba además nos deja saber que las reformas neoliberales disminuyen los ingresos de los pobres y obstaculizan la participación política al entorpecer la accesibilidad de recursos políticos de los pobres. También, que la filosofía neoliberal no sólo ha dificultado la situación de accesibilidad de necesidades materiales de los pobres, sino que les ha debilitado la posibilidad de mejorar sus circunstancias a través de presiones políticas. Tenemos entonces que el neoliberalismo disminuye la participación política de los pueblos. No hay manera de explicar lo que dice el autor sin decir que el neoliberalismo es contradictorio a las normas democráticas. La disminución de participación política de los pobres resta poder al pueblo y lo transfiere al sector privado. La acumulación de poder de los neoliberales tiene como meta marcada lograr dominio total de los recursos del planeta.

Presento parte de lo que dice William Robinson en artículo citado. La nueva raza de élites y capitalistas orientados al transnacionalismo han imitado una hegemonía (dominio total del más fuerte) económica (Robinson, 2012). Según Robinson, han desregulado, privatizado, liberalizado y oprimido salarios. Nos dice también que el neoliberalismo ha implantado inequidades sociales que no conoce precedente, desempleos masivos y desplazamiento de cientos de decenas de millones de clases populares. Y que las corporaciones transnacionales orientadas a la agricultura han cambiado el modelo establecido de relaciones semi-feudales; dice también que en muchas ocasiones atrae trabajadores de zonas rurales, a menudo mujeres, en vez del campesino tradicional. Todo lo que dice el autor significa que el neoliberalismo ha cambiado las reglas del juego y que millones y millones de latino americanos dependen ahora de fuentes de labor y fondos globales.

El neoliberalismo cuenta con una élite que viene refinando métodos de extorción, siempre "dentro del marco de la ley" por supuesto por muchas décadas. He aquí parte de lo que dice Noam Chomsky en su libro *Profit Over People* sobre la opinión del presidente Woodrow Wilson de esos hombres: *esa élite de caballeros de elevado ideal es necesaria para sostener estabilidad y justicia. Es esa minoría inteligente de hombres responsables,* en el pensamiento de Wilson, *quien debe tomar las decisiones en la sociedad. Pero esas decisiones no deben contar con la participación de,* en la opinión de Walter Lippmann (1889-1974), también parte de la administración de Wilson, *entrometidos,* y yo quiero señalar que para Lippmann, los entrometidos somos usted y yo.

Harold Lasswell (1902-1978) autor de Técnicas de Propaganda en la Guerra Mundial va aún más lejos. Dice que *esa minoría inteligente debe reconocer la ignorancia y estupidez de las masas y no caer en ideales democráticos en relación a que las masas están en capacidad de entender lo que les conviene.* También dice que *esa minoría debe controlar los pueblos por su propio bien;* y que en *sociedades con ideales democráticos más avanzados, donde la fuerza no es permitida para controlarlas, se debe hacer a través de propaganda.* La verdad es que sociedades "desarrolladas" han convertido los peores valores humanos en todo una ciencia. Esa clase parasitaria a la que hace referencia este trabajo ha dedicado cientos de años al refinamiento de técnicas maliciosas que deja en su recorrido millones de muertes cada año. Todo esto lo hacen, como nos dice George Orwell en su obra *1984, a cambio de privilegios.*

Debe quedar claro que con la privatización, los servicios que tradicionalmente han sido suministrados por el sector publico terminan siendo comprados en el mercado tal como se compra cualquier mercancía. Para dar dos ejemplos importantes de los servicios a los que me refiero piense en la educación y en la salud. Muchos niños no podrían ir a la escuela si esta requiere que usted pague para registrarlo y que se le permita asistir a clases. Lo mismo sucedería, y de hecho así pasa con la salud; usted no recibe servicios médicos si no tiene el dinero para pagar esos servicios en muchos países subdesarrollados, y pésimo en Estados Unidos. No incluyo otras naciones "avanzadas" porque nuestro país es el más atrasado de las sociedades desarrolladas en lo que tiene que ver con salud pública. Ese afán de privatizar todo es estrategia de propósitos mal intencionados.

Aunque en Estados Unidos la educación es "gratis" hasta completada la secundaria (bachillerato), no significa que los capitalistas han perdido de vista la importancia que tiene privatizar el sistema escolar público. En Estados Unidos cada día más se propagan las llamadas *charter schools*. En la superficie todo parece andar bien, sus hijos reciben una educación en escuelas privadas sin, o a un bajo costo pues el monto lo paga el gobierno, corporaciones sin fines de lucro o filantrópicos "benevolentes", o una combinación de esas. Pero ¿qué se esconde detrás de todo eso?

Esas escuelas son manejadas como negocios y sus hijos

son indoctrinados con esos ideales. El sector privado se ha dado a la tarea de desmantelar el sistema escolar público para tomar el mando de la educación. Eso significa que sus hijos terminarán siendo indoctrinados por los ideales de los mismos capitalistas que han creado un mundo donde mueren 20 millones de niños cada año innecesariamente. Once millones de esos niños mueren de diarrea y otras enfermedades fácilmente curables según reporta un órgano de Naciones Unidas. Y yo pregunto, ¿son los ingenieros de un sistema económico que causa esos horrores a quien usted quiere educando a sus hijos? No olvide que los programas educacionales de nuestros niños quedarán en manos de los que financian esas escuelas. Tampoco debemos olvidar de dónde sacan esos "donantes" los recursos, lo que ha leída hasta ahora debe contestar esa interrogante.

Usted se preguntará porque insisto en que los capitalistas son responsables del desastre económico mundial. Bien es cierto que en Estados Unidos las cosas andan mal, pero no vemos niños muriendo en las calles de este país. Yo soy el primero en admitirlo, sólo porque aquí, y en países como este, las instituciones funcionan a medias. En otro capítulo de este trabajo explique que cuando eso sucede el sector privado mueve sus instalaciones industriales a países de menos desarrollo, con resultados funestos para esas sociedades. Alrededor de 800 mujeres mueren cada día de parto o de complicaciones relacionadas a esos partos (Ruiz et al., 2015). Ese es el resultado.

Usted también podría decir que los responsables de calamidades en países pobres son el resultado de mal manejo de los recursos de esos países y no necesariamente de los capitalistas de naciones desarrolladas. Le diría que usted tiene razón pero sólo en parte. En otro capítulo de este trabajo también propuse que los capitalistas de naciones desarrolladas hacen alianzas con capitalistas de esas naciones y los resultados son desastrosos. Pero más culpables son los primeros que los segundos. Naciones como la nuestra están en asecho y donde quiera que surge gobierno que se preocupe por diseñar e implementar programas sociales incluyentes de las masas son atacados y crean las condiciones para desestabilizarlos y derrocarlos.

La historia está llena de acontecimientos para fundamentar lo que acabo de escribir. Piense en lo que sucedió en Haití con la administración de Jean-Bertrand Aristide en los años de Bill Clinton. Hasta que Aristide no entendió que debía permitir reformas diseñadas por el sector privado, que contaran con la bendición de capitalistas americanos, el gobierno americano no le permitió retomar las riendas del país caribeño. También podría presentar el caso de Nicaragua con los sandinistas. En esa instancia Nicaragua presentó demanda a la Corte Internacional de Justicia por prácticas terroristas de parte de los Estados Unidos y salió airosa. La corte falló a favor de Nicaragua al determinar que las prácticas eran terroristas y ordenó a Estados Unidos a pagar por daños y parar la práctica, pero el imperio, ni paró, ni pagó. ¡Qué vergüenza!

Todo eso lo hacen los capitalistas para desmantelar gobiernos que nos dicen son comunistas, aunque el término de turno ahora es *socialista*. Sé que muchos presentarán objeciones a lo que se acaba de escribir pues el socialismo presupone los peores males. No debe sorprender a nadie, los diseñadores del sistema capitalista han sido muy exitosos en convencer las masas de que la estrategia económica de una nación debe estar en manos de los dueños de los medios de producción, y que no debe ser restringido. Nadie debe oponerse a nada que sea libre nos dicen los neoliberales entonces ¿porque oponerse al libre comercio?

Muchos repiten esas tonterías como loros sin entender lo que dicen y se dejan confundir con argumentos maliciosos y sin fundamento. Se confunden al no entender las contrariedades entre libre comercio y libre de restricciones. Están equivocados los que piensan de esa manera, los capitalistas no se oponen a restricciones, se oponen a las dirigidas al sector privado. Piense por ejemplo, ¿cree usted que el sector empresarial se opone a las leyes que castigan el robo de artículos y mercancías en sus establecimientos? De ninguna manera; exclusivamente se oponen a las que los restringe a ellos al momento de actuar en defensa de sus intereses.

En pocas palabras se podría decir que el neoliberalismo, mayormente a través de los TLC, ha puesto a la merced de los capitalistas a todos los pueblos del planeta. Conocemos casos en los cuales esas fábricas que se establecen en esas sociedades de poco desarrollo no observan ni el más mínimo nivel de respeto a los trabajadores. En agosto del 2013, por ejemplo, se reportó de una firma en Honduras que obligaba a 4,000 empleados, sobre todo mujeres, a usar pañales de adultos para que no se levantaran de sus puestos a utilizar el servicio. Me gustaría decir que estoy bromeando pero tristemente no es así.

No excuso la conducta de los que dirigen esas empresas, pero más que nada debemos culpar a nuestros gobiernos que permiten que inversionistas de naciones desarrolladas toleren esas prácticas. Según dice el artículo las autoridades intervinieron en el asunto resaltando que la imagen del sector laboral de Honduras estaba preocupada por su imagen en el exterior. La preocupación no era la dignidad de los trabajadores, sino que casi todo lo que fabrican se vende en Estados Unidos.

El ambiente neoliberal, especialmente a través de TLC se ha convertido en un paraíso para los dueños de grandes capitales. Productos fabricados extremadamente baratos en el exterior son vendidos a precios exuberantes en el mercado más codiciado del mundo, el nuestro. De esa manera dejan sin empleos al trabajador norteamericano al mismo tiempo que le roban la riqueza social producida por trabajadores en el extranjero; todo esto dentro de un "marco legal". Los TLC tampoco permiten el desarrollo económico nacional en los países que los ponen en pratica; los capitalistas de esas naciones no pueden competir con los centros capitalistas desarrollados. La mayoría de la riqueza producida por esos obreros extranjeros termina en cuentas de bancos de los capitalistas en sus países de origen.

Se hace necesario ahora entrar en detalle sobre los tratados de libre comercio. Esos acuerdos de "libre comercio" son el elemento principal de la doctrina neoliberal. Eso no significa que la privatización y el desmantelamiento de regulaciones dejen de ser importante. Sin embargo, sin esas asociaciones de malhechores, se les haría mucho más difícil a los capitalistas de naciones desarrolladas arrebatarle la riqueza producida por trabajadores en el exterior al mismo tiempo que empobrecen al obrero nacional. A través de esas negociaciones se forman alianzas económicas entre capitalistas de las naciones que participan de dichos acuerdos y que tienen el mismo resultado final, agudizan la pobreza de los pueblos que los ponen en práctica.

He aquí parte de lo nos dice Martin Hart-Landsberg, profesor de economía en la universidad de Lewis and Clark, sobre esos tratados. Tratados como son El Tratado de Libre Comercio de Norte América (NAFTA) y la Organización de Comercio Mundial (WTO) han ampliado el poder de las transnacionales capitalistas (Hart-Landsberg, 2006). También nos dice que las transnacionales han incrementado sus ganancias al mismo tiempo que han deteriorado y desestabilizado las condiciones de trabajo y de vida de los ciudadanos. Aún así, los defensores del neoliberalismo hablan con tanta frecuencia de los beneficios de la filosofía neoliberal que los pueblos las aceptan como verdades irrefutables, reporta Martin. El afán del capitalismo de ocupar hasta el último minuto de tiempo del hombre común lo atrapa en la ignorancia.

Es difícil convencer los pueblos del daño que causan los TLC, el sector privado gasta fortunas masivas en convencer los pueblos de lo contrario. Tienen a su servicio todos los mecanismos de comunicación por ser ellos los propietarios de los mecanismos mediáticos. Emplean esos medios para engañar los pueblos vendiéndole el ideal de lo beneficiosos que son esos acuerdos. Esto dificulta enormemente un análisis verdadero que ponga a la luz del día los perjuicios de esas alianzas. Aunque los pueblos extraen algunos beneficios de esos acuerdos comerciales, los beneficios son insignificantes en comparación con el precio que pagan las sociedades que los implementan.

Lo que si es cierto es que esas negociaciones de libre comercio son beneficiosas para los dueños de los medios de producción de centros capitalistas. Para usarnos a nosotros mismos como ejemplo, piense de nuevo en el ejemplo que presenté anteriormente de lo que pasaría si el gobierno garantizara que todo lo que consume el pueblo americano fuera fabricado en nuestro país. ¿Se imagina el dinamismo económico que causaría? De la noche a la mañana se instalarían fábricas de camisas y de abrigos. Lo mismo pasaría con los zapatos, las carteras, los autos, los electrodomésticos y todo lo que pueda imaginar, y estuviéramos en capacidad de producir. Eso es muy fácil de lograr a través de aranceles (tarifas aduanales). ¿Por qué no se hace?, porque nuestros legisladores no trabajan para nosotros sino para los capitalistas. Es ahí donde reside la importancia de las propuestas de Bernie Sanders, quien habla de dejar sin efecto muchos de los tratados de libre comercio que causan la fuga de millones de trabajos.

Si se pregunta que sucedería con esas sociedades donde se han instalado operaciones a través de esos contratos al momento que los Estados Unidos regrese sus operaciones al suelo americano. La respuesta es simple; esos pueblos también se dedicarían a fabricar y producir todo lo que consumen y la producción quedaría en manos de ese gobierno, o más propiamente dicho, de ese pueblo. El mismo dinamismo económico que veríamos en nuestro país lo verían esas sociedades en el de ellos con la diferencia de que la producción seria poco a poco nacionalizada. Eso significaría que el sector privado se vería obligado a contratar nacionales para la producción. El gobierno tendría que intervenir para garantizar justicia en el sector laboral, pero esa es justamente la función de más importancia de cualquier gobierno.

Ya he escrito lo suficiente para aclarar lo que es el neoliberalismo. Podríamos resumirlo diciendo que: es una filosofía dentro del sistema capitalista que persigue ampliar la brecha socio-económica entre el capitalista y el hombre común a favor de los inversionistas; que uno de las metas de la filosofía es privatizar todas las instituciones y someterlas a normas del mercado; que busca restringir el poder de los pueblos con la liberación de esas normas. Por último, podríamos decir que el neoliberalismo va más allá del capitalismo. Mientras que el capitalismo tradicional, aún y fuera brutal, estaba centrado en la sociedad donde operaba. El neoliberalismo cuenta con un tentáculo que asfixia sociedades lejos de los centros neoliberales.

Los capitalistas fabrican y producen en el exterior precisamente porque incrementa las ganancias de los capitales invertidos. Ahora debo recordarle lo que escribí sobre lo que persigue el capitalismo, busca mayores ganancias en el menor tiempo posible en un ambiente de escasas o sin regulaciones. La filosofía neoliberal ha facilitado esos afanes. Todo eso sin embargo tiene un alto costo, tanto para los pueblos donde se encuentran los centros capitalistas como para los pueblos donde instalan las industrias, asunto que ya he explicado también. Millones de trabajos han sido exportados de países capitalistas desarrollados precisamente para ofrecen ventajas a los inversionistas de esas sociedades. Kletzer (2005) estima que desde 1979 hasta el 2001 Estados Unidos ha perdido dieciocho millones y medio de empleos. Decir que se han perdido no hace justicia a lo sucedido, esa fuga de trabajos es planificada y codificada en leyes laborales del gobierno americano. Se necesitaría ser tonto para no entender que esa transferencia de trabajos ha sido facilitada por normas de nuestro gobierno para aventajar a capitalistas nacionales. Si tomamos en consideración que el número de capitalistas en nuestro país es insignificante en comparación con la población nacional deducimos que nuestro gobierno protege el interés de ese grupito y no el del pueblo americano. Eso significa que ese grupito es perjudicial para la sociedad y aplicando lógica simple concluimos que nuestro propio gobierno es nuestro enemigo. Eso se explica diciendo una vez más que los capitalistas y el gobierno, son la misma entidad.

Debo recordarle de nuevo que el afán principal del neoliberalismo es justamente limitar las exigencias del Estado (el pueblo) de manera que les dé rienda suelta a los caprichos del sector privado. En la práctica eso significa transferencia de capitales de inversión a territorios que favorecen a los inversionistas. La referencia que la definición del diccionario hace a lo judicial significa en la práctica que el sector privado paga para que las instituciones encargadas de elaboren leyes que favorezcan a ese sector. En nuestro país eso se logra a través del cabildeo, palabra que en términos populares significa soborno.

Los capitalistas gastan fortunas sobornando legisladores a cambio de compra de leyes favorables al sector privado. Para dar idea de la cantidad de dinero que estamos hablando piense que según reporta *60 Minutes*, las compañías fabricantes de fármacos gastan alrededor de 100 millones de dólares cada año en la práctica. Y yo digo que no es que gastan sino que invierten. Hace algún tiempo leí un artículo que decía que por cada dólar invertido en cabildeo el sector empresarial recibe beneficio de 220 dólares del gobierno. Significa entonces que los cien millones invertidos por las compañías de fármacos reciben 22 billones de dólares al año en beneficios. Esas negociaciones entre legisladores y cabilderos al observador casual le parecería más escena de película de gánster que prácticas de gobiernos legítimos.

Después que los capitalistas logran las leyes que necesitan ponen en práctica normas deshumanizantes en las sociedades donde se trasladan las inversiones. A través de la implementación de esos TLC se desplazan por el planeta buscando condiciones de ventajas que nunca encuentran en la nación de origen. Aunque no siempre lo logran, tratan de identificar sociedades donde las regulaciones ambientales y laborales son débiles o no existentes. De darse cuenta que se equivocaron en su evaluación de las condiciones laborales y ambientales se trasladan a otras más favorables. Así se explica que en muchas ocasiones esas operaciones no perduran en las sociedades donde se establecen. Muchas sociedades de América Latina conocen esa realidad, cuando los inversionistas extranjeros abandonan los lugares donde se instalaron inicialmente dejan esos sitios que parecen zonas que han sido azotadas por guerras.

Lo que persigue el sector privado es sociedades pobres con exceso de mano de obra barata. Establecen pactos con administraciones corruptas que les ofrecen condiciones favorables dentro o fuera del marco de las leyes donde establecen las industrias. Esas alianzas benefician tanto a los capitalistas como a un grupito de delincuentes que viene de la clase dominante de naciones de bajo desarrollo. En muchas ocasiones los gobiernos en esas sociedades logran el poder con la asistencia de la misma clase capitalista que luego les permite hacer lo que les da la gana. Cuando se encuentran con gobiernos que no le permiten esas condiciones, mueven sus instalaciones o sociedades que si lo permiten.

La mano de obra comprada fuera de las fronteras de una sociedad está directamente relacionada con la que se deja de comprar en otra; en otras palabras, los empleos que se transfieren a países del exterior se pierden en los países de centros capitalistas. Cada hombre mujer o niño que se ocupa para fabricar los artículos que consumimos aquí, deja a un norteamericano sin empleo. Incluyo a niños en la ecuación, es sabido por todos que muchas de esas operaciones emplean mano de obra de menores provenientes de los sectores más pobres de esas sociedades. La mano de obra de menores ha alcanzado tal magnitud que el gobierno boliviano ha tomado medidas que en la superficie parecen ser irracionales.

También es sabido por todos que los dueños de capitales hacen esto porque las sociedades donde se establecen permiten la explotación de seres humanos a mayor grado de lo que se permite en nuestra sociedad. O sea, esas sociedades permiten que los capitalistas le arrebaten la riqueza al que la produce en mayor grado de lo que lo permite la nuestra. Uno de los afanes de los capitalistas y uno de los elementos que facilita el ambiente neoliberal.

Esas sociedades también permiten el funcionamiento de las operaciones capitalistas en un ambiente de menos restricciones.

Las sociedades en las que se establecen esas fábricas no prestan atención a las leyes laborales. Como consecuencia, los capitalistas emplean menores; obligan a los obreros a trabajar más tiempo de lo prescripto por la ley; muchas de esas prácticas son implementadas en nuestro propio suelo. ¿Cuántas veces hemos oído de demandas a grandes industrias por no pagar *overtime* u horas extras, después de cumplir el trabajador las horas requeridas por la ley? Esas demandas legales son parte de las *inconveniencias* que enfrentan los capitalistas en sociedades donde las instituciones funcionan a medias. En fin, lo importante es que entienda que esas sociedades satisfacen todas las apetencias de los neoliberales fuera de territorios de sociedades más "avanzadas" y que facilitan los TLC.

¿Cómo justifican esa conducta los neoliberales? Todos hemos oído muchos de esos argumentos. Nos dicen por ejemplo que si los artículos que fabrican esas industrias fueran elaborados en nuestro país fueran mucho más caros. Nosotros claro nos hacemos de la vista gorda pues ciertamente en Kmart o en Walmart encontramos artículos de baja calidad a precios que parecen ser razonables. O sea, nos hacemos los locos y permitimos la explotación hasta de niños porque podemos comprar sandalias por x cantidad de dólares. No se nos ocurre pensar que esas sandalias podrían comprarse al mismo precio, o casi por el mismo precio, aún y fueran fabricadas en nuestro propio suelo. Las sandalias las venden por ese precio porque son de baja calidad, eso es todo. El costo de producción es mínimo y por eso las venden a esos precios. Lo único que elevaría el precio de dichos productos es que el sueldo mínimo en nuestro país es más alto.

Pero digamos que ese no sea el caso, yo pregunto, ¿de qué vale que las sandalias sean baratas si una persona no tiene trabajo o tiene un trabajo que no le alcanza ni para comer? La pregunta es retórica pero aún así la voy a contestar, ¡de nada vale! Las medidas del nivel de vida en Estados Unidos no se corresponden con la realidad de la vida cotidiana de sus ciudadanos. Para dar idea de eso sólo piense que una persona con sueldo anual de $35,000.00 es considerada clase media; el promedio de alquiler de un apartamento de un dormitorio en manhattan es de $3000.00 mensual. O sea que su sueldo, sin tomar en consideración la cantidad de dinero que le saca el departamento de rentas internas de su salario en impuestos, no le alcanza ni para pagar su renta. Y fíjese que usted es considerado clase media, lo que equivale a decir que no tendrá acceso a ningún tipo de ayuda pública a menos que mienta al gobierno, en tal caso no podrá dormir preocupado por las consecuencias si lo descubren.

En el capítulo que habla de lo que son los gobiernos dije que todas las sociedades están en capacidad de producir riqueza, y así es. Como ya he dicho la riqueza es el exceso sobre el consumo. También expliqué la producción de manera directa e indirecta. Este trabajo trata más que nada la manera de producción indirecta por ser medio del que se valen los capitalistas para arrebatarle la riqueza que producen los trabajadores. Eso a su vez es consecuencia de la relación entre el sector privado y funcionarios de gobiernos.

Voy a explicar con un ejemplo, digamos que un obrero que trabaja para una fábrica de queso produce muchísimo más queso del que consume ese obrero y su familia. Eso significa que produce excedente o riqueza, de no ser así, el dueño de la fábrica lo despide y lo reemplaza por otro que si produzca. Ese propietario le saca el costo de producción más el salario del obrero, y aún queda excedente o riqueza. Eso por supuesto no tiene nada de malo siempre y cuando, aún y no sea tratado con igualdad, tampoco sea explotado, que es donde reside el mal. ¿Cómo llego a esa conclusión? La evidencia lo delata; si ese no fuera el caso el obrero, aunque no es dueño de los medios de producción, causa de la desigualdad, recibiría mayor beneficio de la producción de la riqueza pues fue él quien la produjo. De ser así los trabajadores no vivirían en las condiciones que viven en su mayoría.

Si se analiza detenidamente lo que implica el ejemplo que acabo de dar se entiende también porque hay personas tan ricas en todas las sociedades mientras otros no tienen ni para cubrir sus necesidades básicas. El dueño de la fábrica de queso no tiene únicamente un empleado sino muchos; a cada uno de esos trabajadores le arrebata la mayor parte de la riqueza que produce. En muchas ocasiones son propietarios de muchas otras fábricas o más común aún, son accionistas de corporaciones. Esas corporaciones, muchas de las cuales operan en distintos países, ofrecen todo lo que pueda necesitar un neoliberal incluyendo distanciarse de las operaciones de las fábricas de las que son dueños a través de la compra de esas acciones.

Al distanciarse de la operación diaria también se aparta de las injusticias y la explotación a las que someten a sus empleados. La operación de esas corporaciones queda en manos de obreros capacitados en esos asuntos y muy probable que los capitalistas dueños de esas fábricas, a través de acciones, jamás lo vea ni una sola vez. De esa manera los capitalistas se lavan las manos de atrocidades que nadie debe dudar incluyen maltrato de mujeres, violaciones de leyes laborales, empleo de menores y hasta muertes.

Todavía no he dado ilustración de lo que escribí sobre la capacidad de todas las sociedades de producir riqueza. Se explica de esta manera. Si todas las familias están en capacidad de producir más de lo que consumen y todas lo hicieran, incluyendo las familias parasitarias a las que hago referencia, no se llega a otra conclusión. La suma de los excesos de producción de todas esas familias seria la riqueza nacional. Para lograr la inequidad que existe hoy en todas las sociedades se les hace imprescindible a los capitalistas crear las condiciones de desempleo, explotación y de miseria que conocemos. Ese ambiente sólo se logra manteniendo los pueblos ignorantes, cosa que logran a través de prácticas maliciosas, propias del capitalismo depredador.

Eso explica no sólo las técnicas que emplean los capitalistas para robarle la riqueza que producen los trabajadores, sino también de como capitalistas extranjeros se roban la producción social de naciones menos desarrolladas. Si entiende que la mayoría de los dueños de esas fábricas son capitalistas de naciones lejanas a esas donde se encuentran esas fábricas (a través de acciones), también entiende como defalcan a esos pueblos. La riqueza producida por los trabajadores de esas fábricas es trasladada a las metrópolis de los centros capitalistas, que es done están ubicados los mercados de venta.

Hasta ahora he escrito de los afanes del neoliberalismo en función de la relación entre capitalistas y obreros. Quiero ahora hablar de un elemento que aplica más bien a los recursos que son objetivo del neoliberalismo y que azota la naturaleza. La palabra que describe la relación entre esas dos variables es *extractivismo*. Se refiere, como puede deducirse analizando la palabra, al afán de los neoliberales a depredar la naturaleza a través de extracción de recursos naturales como son la foresta, minerales, petróleo y hasta el agua. Acosta (sin fecha) nos dice en artículo citado que países con abundante riqueza natural sufren la "maldición de recursos", haciendo referencia a frase introducida al léxico socio-político por Terry Lynn Karl. Nos dice el autor que el extractivismo en gran medida se mide de acuerdo a la manera en que esos recursos son extraídos y utilizados, como también la manera en que se distribuyen los beneficios de esa extracción. Y que, la extracción masiva de minerales no es sostenible pues la esencia de la práctica es destructiva.

La maldición de los recursos se refiere a que los países con abundantes reservas de recursos naturales se convierten en el objetivo o blanco de los neoliberales. Extraen esos recursos de manera insostenible y causan una pobreza espantosa en esas sociedades al mismo tiempo que degradan el medio ambiente. Los expertos a menudo hacen referencia a la paradoja (conclusión ilógica) de que la riqueza causa pobreza. Aunque el término no lleva mucho tiempo como parte del léxico moderno, no debe pensar que es nada nuevo, existe desde que los españoles se tropezaron accidentalmente con el hemisferio americano.

Lo último que quiero decir sobre extractivismo, y la degradación que ha causado el sector privado al medio ambiente, es que no está lejos el día en que los herederos de esa clase de depredadores de los que habla este trabajo, sufrirá en carne propia las consecuencias. El mismo Bill Gates admitió que solo el socialismo puede salvar el medio ambiente. Tristemente, señor Gates, su estatura moral solo le permite hablar de esas cosas en términos filosóficos. Si dedicara hasta el último céntimo de su fortuna a reparar el daño que usted le ha causada a nuestro planeta no alcanzaría a reparar ni una ínfima parte. Sin embargo, el solo hecho de esa afirmación, lo coloca por encima de los miembros de su clase. ¡Lo felicito!

Ahora quiero hablar de un ideal que muchos pensarán va muy lejos en la interpretación del neoliberalismo; pienso que existe relación entre el neoliberalismo y el terrorismo. Si se hace análisis profundo sobre las consecuencias del neoliberalismo llegaríamos a la conclusión que engendra terrorismo. Si entendemos que el neoliberalismo no es más que prácticas económicas que intensifican la pobreza e incrementa la miseria no se puede llegar a otra conclusión; ya sea de manera consciente o inconsciente, en muchas ocasiones el terrorismo es causado por el capitalismo desenfrenado.

La desesperanza que produce la pobreza en el seno de muchos pueblos se manifiesta en violencia. Si las autoridades quisieran disminuir la criminalidad deberían concentrase en erradicar la pobreza, pues esos dos elementos están íntimamente relacionados. Pero la delincuencia causada por la violencia que engendra la pobreza no siempre se manifiesta en esos crímenes personales comunes que vemos en los pueblos a diario. En sociedades con niveles de conciencia política relativamente elevados la violencia puede manifestarse de otras maneras, incluyendo terrorismo.

Aunque es difícil fundamentar lo que acabo de escribir por falta de investigaciones serias sobre el tema, no estoy sólo en mi estimación. Choi y Luo (2013) conectan la agudización de la pobreza con sanciones gubernamentales y nos dicen que a menudo las sanciones engendran odio e incitan actos terroristas contra los que la imponen. Nos dicen también que en muchas ocasiones ese odio es causado por sanciones; y que cuando esos pueblos pobres sienten que su nivel de vida empeora son más receptivos a la actividad terrorista. A nadie debe sorprender lo que concluyeron los autores del estudio, que la pobreza extrema engendra desesperanza en el corazón de los que la sufren; y yo agrego que después que una persona pierde la esperanza, es capaz de cualquier cosa.

Como se puede ver, ese asunto del neoliberalismo va más allá de fabricar ropas en sociedades de poco desarrollo en el exterior para venderlas a altos precios en los mercados de sociedades "desarrolladas". El afán de arrebatar recursos a los pueblos más pobres produce guerras. El sector privado, los que diseñan y fabrican carreteras y puentes, los fabricantes de armas, hasta los que producen materiales de construcción se benefician de esas guerras. Si quisiéramos identificar ese grupo de hombres y mujeres que causan las guerras y las calamidades de los pueblos podríamos hacerlo con solo dos palabras, *capitalistas inescrupulosos.*

Las guerras y las intervenciones militares de hoy se explican diciendo que las naciones avanzadas aplican una política neoliberal que canaliza bienes naturales de países de poco desarrollo, y la de producción social de esos pueblos, a cuentas de bancos que siempre pertenecen a los neoliberales de naciones desarrolladas. Esas sociedades causan conflictos con el propósito de desestabilizar, y posteriormente inmiscuirse en los asuntos políticos de otras menos desarrolladas, con la intensión de controlar los recursos de esos pueblos. La intervención militar en Iraq es buen ejemplo de lo que acabo de decir, y aún más recién, podemos citar el caso de Siria.

El resultado ha sido un mundo lleno de injusticia, hambre, atropellos, miseria, enfermedades y muertes. Todas esas calamidades se encarnan en un niño llamado Nicolás que por cometer el crimen de acercárseme en San Salvador, despertó rabia en un agente de seguridad pública. Nicolás se me acercó a pedir limosna; un policía que lo vio se le arrimó para retirarlo al punto que tuve que decirle al oficial que quien debía retirarse era él, que ese niño era invitado de los que estábamos en la mesa y que en realidad el que estaba molestando era él. Se encarnan en un niño de trece años en una cárcel de Haití quien había perdido la cuenta de los días que llevaba preso por haberse robado un par de chancletas (sandalias). Cuando le pregunté cuánto costaría pagar la multa para comprar su libertad me dijo que más o menos 50 dólares (en moneda local), cosa que no le di para no arriesgar que si la seguridad se percataba de la transacción podría hasta matarlo para quitarle el dinero.

Lo he visto en la pobreza de Méjico, de Honduras y de Guatemala; pero también lo he visto en los Estados Unidos en un desamparado en el condado del Bronx, a quien me acerqué un sábado para ofrecerle un sándwich y una taza de chocolate caliente. Me senté a su lado para platicar con él por un minuto. No tardo en comentar que si tuviera dinero compraría una pistola y asaltaría un banco. Al ver la preocupación en mis ojos se sonríe y me dice *"I'm playing with you"* (sólo bromeo) en ingles perfectamente articulado.

Si lo que buscan son halagos los neoliberales, ¡los felicito!, alcanzaron su meta. Este trabajo les rinde homenaje al capitalismo desgarrador por sus triunfos. La evidencia es irrefutable y se manifiesta en los Nicolases del mundo. Se revela en el despliegue de pobreza que dejan a su paso y en los desamparados del planeta. También se manifiesta en los niños de trece años enjaulados como animales por desafiar la injusticia y robarse un par de chancletas, conducta justificada por hombres como Thomas Hobbes cientos de años atrás; los logros del "más desarrollado" sistema económico del planeta se manifiesta en decenas de millones de personas que mueren cada año por falta de lo que desperdician los capitalistas.

Y así anda el mundo; nos dicen los republicanos que la culpa es de los demócratas y los demócratas que es de los republicanos. El resultado final de los logros del neoliberalismo es similar a la conclusión de *Granja de Animales* de George Orwell. En la última escena los animales observan por una ventana que los cerdos se acercan a una mesa caminando en dos patas para sentarse a jugar barajas con los capitalistas. Momentos más tarde, cuando se regresaban a la granja se devuelven de prisa a percatarse de lo que pasa pues oyen gritos y puñetazos en la mesa. Al parecer el señor pilkington, el capitalista más prominente, y Napoleón, el jefe de los cerdos, ambos producen una as de espadas para ganar el juego. Los animales se quedan atónicos mirando la discusión, por más que intentan no logran identificar cual es Napoleón y cual es pilkington, el transcurrir del tiempo había borrado toda diferencia entre capitalistas y cerdos.

No debo concluir este trabajo sin decir algunas palabras a las personas que atropello con insultos de todo tipo. Dentro de ese conjunto a quienes llamo grupito o blancos o capitalistas o de cualquier otra manera también residen personas buenas. La gran mayoría, en mi criterio, ignora el efecto social de su comportamiento. No son parte de la élite que diseña la conducta que deben asumir y que ponen en práctica. Andan por las calles de traje y corbata sin la menor idea que portan uniforme de enemigo, para ellos, esa imagen representa sus intereses. No conocen los motivos de porque han asumido una conducta fría frente a las necesidades de la sociedad incluyentes de amigos y familiares. Ignora las razones de esa conducta que le presta, pues no es propia, el capitalista malvado que si está consciente del daño que hace el capitalismo desgarrante que promueven tanto el primero como el segundo.

Quisiera también dirigir algunas palabras a los pueblos que por fin han dado inicio a gobiernos progresistas entre los cuales se encuentran Ecuador, Bolivia y Cuba. El caso de Cuba es diferente a los otros dos, por eso hablaré de ese pueblo por separado. Hay otros pueblos que se podrían incluir pero los más notables son los ya citados.

A los ecuatorianos y bolivianos les digo que deben ser cuidadosos al momento de elegir nuevos dirigentes para sus naciones. No cabe duda que muchos sectores pobres de esas naciones tendrán quejas de sus mandatarios. Sería desatinado pensar lo contrario, sin embargo, deben hacer análisis sobre las gestiones y los triunfos de sus administraciones. Lo de más importancia es que se han apartado del modelo capitalistaneoliberal y se empeñan en poner las economías de sus naciones al servicio de ustedes.

Han integrado sectores que venían perdiendo terreno desde que los españoles llegaron a este hemisferio más de cinco siglos atrás. Compárense con los que están a su alrededor y que han seguido el sendero impuesto por los americanos como es el caso de Colombia, para mencionar aún y sea uno. Los sectores pobres de esas sociedades no tienen ni la más minina esperanza de mejorar sus vidas mientras sigan apegados al camino trazado por el gobierno estadounidense. Ustedes se han convertido en *la luz al final del túnel*, no permitan que esa luz se apague.

Siempre van a encontrar oposición esas administraciones progresistas. Todo lo que hagan será malmirado por las democracias del hemisferio y eso ha de esperarse, especialmente de Estados Unidos. Esas sociedades deberán experimentar con ideas nuevas pues las viejas no funcionan. Para subrayar sólo un ejemplo piense en lo que ha hecho Evo Morales con la ley laboral de menores; pueden trabajar legalmente hasta niños de 10 años en algunos casos (Howard, 2014). La administración de Morales, reporta Howard, justifica esa medida diciendo que los niños trabajan de todos modos y lo mejor es, por ahora, ampararlos en las leyes. Y que, según la administración esos menores trabajan porque viven en la pobreza, que es el mal que hay que superar. Resulta fácil defender cualquier lado de ese argumento, lo importante es entender que haciendo eso Morales crea una plataforma de diálogo, que exige enfrentar el problema.

Al momento de entrar en campañas partidistas deben esperar que la oposición se les venga encima con una avasallante avalancha de atropellos. Pueden estar seguros que esos opositores tendrán a su disposición todos los recursos que se puedan necesitar para financiar esas compañas. Contaran con la asistencia, sin tomar en consideración la ilegalidad o inmoralidad del acto, del gobierno norteamericano que siempre está dispuesto a financiar inestabilidad y descontento con el fin de derrocar intentos democráticos auténticos e incluyentes.

Cuando se llegue ese momento, deben hacer análisis comparativo sobre la situación vivida en sus pueblos antes y después de las administraciones bajo análisis. Deben valerse de medidores creíbles, por ejemplo reportes de las Naciones Unidas, que pongan a la luz del día el desempeño de sus gobiernos como son salud, educación, participación social y disminución de pobreza.

Esos gobiernos deben anticipar una aplastante campaña de confusión y mentitas fundamentadas en necesidades creadas por partidos derechistas y "democracias" como la nuestra. Es conveniente ahora recordar lo que sucedió en Iraq en los años de George W. Bush. Un grupo de neoliberales edificó una campaña monumental para convencer el pueblo americano que Sadam Hussein poseía armas de destrucción masiva. Bajo ese pretexto Estados Unidos invadió y destruyó la nación iraquí para apoderarse del petróleo de ese pueblo. Las sociedades que se afanen por dar inicio a esfuerzos dirigidos a corregir injusticias y disminuir la inequidad socio-económica en nuestro hemisferio deben anticipar, y prepararse, para enfrentar esfuerzos similares.

Muchos que critican las gestiones de gobiernos progresistas por no llegar más lejos. A mí también me gustaría ver que los gobiernos de Correa y Morales vallan más allá, sin embargo, pienso que debemos entender que tienen opositores con raíces profundas en esas sociedades y no será fácil obviarlos. Eso no significa que las críticas no se deben tomar en consideración. Es importante mantener diálogo de desacuerdo, ahí reside el punto de partida de análisis. Eduardo Gudynas es buen ejemplo. Gudynas (2012) hace critica a las gestiones de gobiernos progresistas citando el autor a Venezuela, Ecuador y Bolivia señalando la continuidad, "e incluso profundizar" (p. 132) las extracciones de minerales y de petróleo.

Ciertamente el cambio tomara tiempo pero no debemos negar que han tomado los primeros pasos por un rumbo diferente al señalado por los europeos. El genio de Hugo Chávez no fue eliminar la pobreza en Venezuela, ni la corrupción, ni ninguno de los males que conocen las sociedades modernas. Más de quinientos años de corrupción no se borran en diez. De nuevo, el proceso es lento y debe contar con voces como las de Gudynas y otros que difieren de las propuestas de gobiernos progresistas. El genio de Chávez fue ofrecer una alternativa al capitalismo neoliberal que como sabemos ha abierto el portón del infierno, dejando libre a demonios causantes de males jamás conocidos en la historia de la humanidad. Aún así, no debemos negar que Chávez redujo la pobreza en Venezuela de manera notable. Según datos de la Comisión Económica para América Latina y el Caribe (CEPAL) en sólo diez años la pobreza en el país fue reducida a la mitad, equivalente a millones de venezolanos.

A los cubanos les digo, mucho de lo escrito sobre las otras dos sociedades aplica también a ustedes. Hay sectores en el seno del pueblo que piensa que su gobierno debería implementar cambios para mejorar el nivel de vida de los residentes en la isla. Lo cierto es que el gobierno cubano tiene muchos retos por superar, sin embargo debemos entender que la pobreza de la población cubana no se compara con la pobreza de las naciones del hemisferio que han seguido el camino trazado por las "democracias desarrolladas". Uno de los retos del gobierno cubano de más importancia, si es que no es el más importante, es dar respuesta al problema de viviendas, al menos en la Habana, que es lo que conozco. Hay otros retos como son el movimiento libre en territorio cubano.

Podría citar otros espacios en los que el pueblo cubano podría mejorar. Sin embargo, el gobierno cubano ha alcanzado un sistema educativo que no tiene paralelo en ningún país en el hemisferio. Gozan de un sistema de salud que no se conoce en el resto de América Latina. Han alcanzado un nivel de seguridad social, en todos sus ámbitos, que ninguna nación de la región conoce, incluyendo a Estados Unidos. Esto no lo digo por lo que me cuentan sino que lo he visto. También he visto el alto nivel de peligrosidad en El Salvador, he visto el desastre de los hospitales y las cárceles en Haití y en República Dominicana.

Esto no sucede exclusivamente en países pequeños de bajos recursos y poco desarrollo pues también lo he visto en Méjico. El predictor más importante al momento de pronosticar la probabilidad de superar la indigencia en países pobres, en mi criterio, es el nivel de contacto de la sociedad bajo análisis con centros capitalistas desarrollados. Mientras más estrecha sea la relación, más difícil es alcanzar esa meta. Y termino este libro preguntando, después de subrayar los logros del pueblo cubano, ¿cuáles son los logros de las democracias del hemisferio americano, incluyendo a Estados Unidos?

Referencias

Abel, J. R., Deitz, R., Su, Y. (2014). Are Recent College Graduates Finding Good Jobs? In Economics and Finance, Vol. 20, No., 1, pp. 1-8.

Benbow-Buitenhuis, A. (2014). A Feminine Double-Bind? Towards Understanding the Commercialization of Beauty Through Examining Anti-Ageing Culture. Social Alternatives, Vol. 33, No. 2, pp. 43-49.

Berliner, D. C. (2013). Inequality, Poverty, and the Socialization of America's Youth for the Responsibilities of Citizenship. Theory Into Practice, DOI: 10.1080/00405841, pp. 203-209.

Bromell, N. (2015). Dignity: A Word for Democracy. Raritan, Vol. 35, No. 1, pp 1-16.

Cambridge Dictionary of American English (2000). Cambridge University Press. New York.

Cambridge International Dictionary of English (1995). Cambridge University Press. Clays Ltd.

Campbell, C. (2010). What is Wrong with Consumerism? An Assessment of Some Common Criticism. Anuario Filosófico, Vol. 43, No. 2, pp. 279-296.

Choi, S.W. & Luo, S. (2013). Economic Sanctions, Poverty, and International Terrorism: An Empirical Analysis. International Interactions, DOI: 10.1080/03050629 pp. 217-245.

Chomsky, Noam (1999). Profit Over People: Neoliberalism and
Global Order New York: Seven Stories Press.

Dangl, B. (2014). Victories in the Andes The recent past and near
future of Bolivia under Evo Morales. Juncture, Vol. 21,
No. 3, pp. 238-241.

Dakwar, J. (2015, mayo). UN Issues Scathing Assessment of US
Human Rights Record Extraido de:
https://www.aclu.org/blog/speak-freely/un-issues-scathing-
assessment-us-human-rights-record

Dehart, P. R. (2012). Covenantal Realism: The Self-Referential
Incoherency of Conventional Social Contract Theory and the
Necessity of Consent. Perspective on Political Science,
DOI: 10.1080/10457097.2012.692643, pp. 165-177.

Domhoff, G. W. (2013). Who Rules America: Wealth, Income, and
Power. Power in America. Extraido de:
http://www2.ucsc.edu/whorulesamerica/power/wealth.html

El Pequeño Larousse Ilustrado (13ra ed.). (2007). Colombia:
Colombiana S. A.

Galeotti, A. E. (2015). Liars or Self-Deceived? Reflections on
Political Deception. Political Studies,
DOI: 10.1111/1467-9824-12122, pp. 887-902.

Gudynas, E. (2012). Estado Compensador y Nuevos Extractivismos: La Ambivalencias del Progresismo Sudamericano. Nueva Sociedad, No. 237, pp. 128-146.

Harris, P. (2006, September). The myth of fair elections in America. The Guardian, Extraido de: www.theguardian.com/world/2006/sep/07/usa.comment

Hart-Landsberg, M. (2006). Neoliberalism: Myth and Reality. Monthly Review, Vol. 57, No. 11.

Hedges, C. (2010). Death of the Liberal Class. Nation Books, New York.

Hiemstra, N. (sin año). The U.S. and Ecuador: Is Intervention on the Table? NACLA Reporto on the Americas, Extraido de: https://nacla.org/article/us-and-ecuador-intervention-table

Holsner, C. A. (2007). The Poverty of Democracy: Neoliberal Reforms and Political Participation of the Poor in Mexico. Latin American Politics and Society, Vol. 49, No. 2, pp. 87-122.

Howell, D. R. (2013). The Austerity of Low Pay: US Exceptionalism in the Age of Inequality. Social Research, Vol. 80, No. 3, pp. 795-816.

Kalouche, Fouad (2010). Global Inequality in the Age of Consumer Subjects, Journal of Social Justice, DOI: 10.1080/10402659, pp. 365-372.

Kus, Z. & Cetin, T. (2014) Perceptions of Democracy of Primary
    School Students. Educational Science Theory and Practice.
    DOI: 10.12738/estp.2014.2.1493, pp. 786-790.

Larousse Diccionario Básico (1ra ed.). (2009). México, D.F.

Libal, K., Tomczak, S. M., Spath, R., Harding, S. (2014). Hunger
    in a "Land of Plenty": A Renewed Call for Social Work Action.
    National Association of Social Workers,
    DOI: 10.1093/sw/swu029, Vol. 59, No. 4 pp. 366-368.

McCandless, A. T. (2015). Pageants, Parlors, and Pretty Women:
    Race and Beauty in the Twentieth-Century South. Canadian
    Journal of History, Vol. 50, No. 3, pp. 603-605.

Pimpare, S. (2009). The Failures of American Poverty Measures.
    Journal of Sociology & Social Welfare,
    Vol. 36, No. 1, pp. 103-122.

Rathbone, M. (2015). Love, Money and Madness: Money in the
    Economic Philosophies of Adam Smith and Jean-Jacques
    Rousseau. DOI:10.1080/02580136.2015.1087614,
    Vol. 34, No. 3, pp 379-389

Robinson, William I. (2012). Latin America in the New Global
    Capitalism. NACLA Report on the Americas.
    Vol. 45, No. 2, pp. 13-18.

Rogers J. (2015). Productive Democracy. The Nation,
    DOI: 10.1093/sw/swu209, pp. 366-369.

Rose, M. & Baumgartner, F. R. (2013). Framing the Poor: Media Coverage and U. S. Poverty Policy, 1960-2008. Policy Study Journal, Vol. 41, No. 1, pp. 22-53.

Ruiz, J. I., Nuhu, K., MacDaniel, J. T., Popoff, F., Izcovich, A., Criniti, J. M. (2015). Inequality as a Powerful Predictor of Infant and Maternal Mortality Around the World. PLOS One, DOI: 10.1371/journal.pone.0140796, pp. 1-10.

Stanila A. M. (2012) Nature and Society with TH. Hobbes and J.J. Rousseau. The Evolution of Man from the Natural State to the Social State and the Social Contract. Scientific Journal of Humanistic Studies, Vol. 4, No. 7, pp. 60-65.

Tenbrunsel, T. E., Messick, D. M. (2004). Ethical Fading: The Role of Self-Deception in Unethical Behavior, Social Justice Research, Vol. 17, No. 2, pp. 223-236

Thompson, A. (2015). Pageants, Parlors, and Pretty Women. Canadian Journal of History, Vol. 50, No. 3, pp. 603-605. Velasco A. (2015). Looking for the Left Turn: Beyond Binaries and Generalizations, Vilification and Glorification, Where do We Find Latin America's "Left Turn" Today? NACL

Sobre el Autor

Es graduado con una licenciatura en Sociología de la universidad de City College, en New York. En la misma institución completó una maestría en Relaciones Internacionales. También, completó una maestría en Servicios Humanos en la universidad Boricua College, localizada en el Bronx, también en New York. Por décadas se ha dedicado a trabajos sociales en beneficio de los más necesitados.

Si quisiera comunicarse con el autor podría escribir a:
eddyolivares@gmail.com

www.ingramcontent.com/pod-product-compliance
Lightning Source LLC
Chambersburg PA
CBHW071221290326
41931CB00037B/1770